40 IDEEN FÜR POSITIVES DENKEN

40 IDEEN FÜR POSITIVES DENKEN

Damrong Pinkoon

EDEL

Positives Denken
ist der Ausgangspunkt für **Glück.**

Glück
ist der **Ausgangspunkt** für **Erfolg.**

Bevor du erwägst, etwas zu **verändern,**
ändere zuerst deinen eigenen
Denkprozess.

Eine positive Eigenschaft
der Menschen ist,
dass sie ihr Denken entwickeln können.

Viele möchten ihr Umfeld verändern und
sehnen sich nach dem idealen Leben.

Das führt dazu, dass diese
Menschen unbewusst leiden.
Die Essenz eines glücklichen Lebens
hängt nicht davon ab, ob es mit Dingen angefüllt ist,
von denen sie glauben, sie zu brauchen.

Vielmehr ist die Essenz
eines glücklichen Lebens,
zu handeln und das Richtige zu tun.

Diejenigen, die unglücklich sind, haben im
Leben oft dauerhaft Probleme.

Diese Probleme tauchen nicht etwa zufällig auf,
sondern leiten sich von einem Muster
negativen Denkens her, das unaufhaltsam
anwächst und Leid ins Leben bringt.

Die Kraft des Denkens
ist endlos,
aber sie kann
das Leben ersticken,
wenn sie negativ geprägt ist.

Herr Positiv lernt, andere Menschen zu schätzen.

Herr Negativ lernt, auf andere herabzublicken.

★ ★ ★ ★ ★ ★ ★ ★ ★ ★ ★ ★ ★ ★ ★ ★

Herr Positiv lernt, anderen Menschen freundlich zu begegnen.

Herr Negativ lernt, andere zu hintergehen.

★ ★ ★ ★ ★ ★ ★ ★ ★ ★ ★ ★ ★ ★ ★ ★

Herr Positiv lernt, einen guten Menschen zu bewundern.

Herr Negativ lernt, einen reichen Menschen zu bewundern.

★ ★ ★ ★ ★ ★ ★ ★ ★ ★ ★ ★ ★ ★ ★ ★

Herr Positiv lernt, angemessen zu sprechen, zu denken und zu handeln.

Herr Negativ lernt, sich wie ein missgünstiger Rohling zu verhalten.

★ ★ ★ ★ ★ ★ ★ ★ ★ ★ ★ ★ ★ ★ ★ ★

Herr Positiv lernt, Richtig von Falsch zu unterscheiden.

Herr Negativ lernt nicht, Richtig von Falsch zu unterscheiden.

★ ★ ★ ★ ★ ★ ★ ★ ★ ★ ★ ★ ★ ★ ★ ★

Herr Positiv lernt, die Meinungen anderer anzuhören.

Herr Negativ lernt, die Meinungen anderer zu missachten.

★ ★ ★ ★ ★ ★ ★ ★ ★ ★ ★ ★ ★ ★ ★ ★

Herr Positiv lernt, gute Dinge zu tun, wenn sich die Gelegenheit ergibt.

Herr Negativ lernt, sich einen Vorteil zu verschaffen, wo immer es geht.

★ ★ ★ ★ ★ ★ ★ ★ ★ ★ ★ ★ ★ ★ ★ ★

Herr Positiv lernt, anderen keinen Schaden zuzufügen.

Herr Negativ lernt, andere zu betrügen, wenn es die Umstände erlauben.

Wenn sich das Denken ändert
oder das Niveau der Gedanken
von dem eines Kindes auf das des Teenagers und schließlich
Erwachsenen steigt, verändert sich die Einstellung.
Das nennt man »PARADIGMENWECHSEL«. Eine veränderte
Einstellung bewirkt, dass sich auch die Wahrnehmung ändert.

Heute sind die Menschen
gefangen in ihrem Denken,
verursacht durch falsche Wege des Lernens,
gefangen in irrelevantem Wissen,
verursacht durch unsinnige Programme,
gefangen in einem fehlgeleiteten Verstand,
verursacht durch das Verlangen nach materiellem Gewinn und Ruhm.

All diese Faktoren führen zu einer unguten Vermischung von
Leiden und Glück.
Man wünscht sich ein teures Auto,
will aber nicht den hohen Benzinpreis zahlen.
Man wünscht sich die Versöhnung mit dem Partner,
will aber nicht das Gesicht verlieren.
Man wünscht sich Fast Food, will aber nicht zunehmen.

Diese verwirrenden Konflikte werden PARADOXES DENKEN
genannt. Sie zeigen, dass in unserem Alltag die Ausgewogenheit fehlt.

Wir möchten positiv denken und achtsam mit anderen umgehen,
aber während unseres ganzen Lebens begegnen wir ständig Negativität.

Es gibt 40 einfache Wege,
das Leben durch kreatives Denken zu bereichern.
Wege, die dich wirklich glücklich machen und das Leid verringern.

VERBRINGST DU DEINE ZEIT, ALS SEI DIES DER ERSTE TAG, WIRST DU JEDEN TAG GLÜCKLICH SEIN.

Damrong Pinkoon

40

einfache Wege zu

positivem Denken,

die leicht im täglichen Leben angewendet werden können.

01

Sorge für gute Erfahrungen!

Die Natur hat uns mit der Fähigkeit
zu systematischem Denken ausgestattet,
das wir aber künstlich verfälschen.
Einfache Gedanken führen schneller
zum Glücklichsein, komplizierte Gedanken finden
den Weg zum Glück weit schwieriger.

Wer einem materiellen Lebensstil entsagt,
wird sorglos glücklich sein,
während diejenigen, die materialistisch denken,
unglücklich sind, wenn sie ihre Besitztümer verlieren.

Die Natur hat uns so erschaffen,
dass wir unser Glück teilen wollen.
Sie hat uns aber auch so erschaffen, dass wir neidisch sind,
wenn es anderen besser geht.

Die Natur hat uns als Gemeinschaftswesen
erschaffen, die einander helfen.
Sie hat uns aber auch so erschaffen, dass wir anderen
die Schuld geben, wenn etwas schiefläuft.

Etwas, das viele Menschen vernachlässigen: sich selbst zu grüßen und zu lächeln.

38 % aller Männer gehen direkt nach dem Aufwachen zur Toilette.
42 % aller Frauen gehen direkt nach dem Aufwachen zur Toilette.

15 % aller Männer putzen sich direkt nach dem Aufwachen die Zähne.
34 % aller Frauen putzen sich direkt nach dem Aufwachen die Zähne.

8 % aller Männer sehen direkt nach dem Aufwachen fern oder hören Radio.
1 % aller Frauen sieht direkt nach dem Aufwachen fern oder hört Radio.

76 % aller Raucher rauchen vor dem Frühstück eine Zigarette.

Nur wenige Menschen grüßen sich jeden Morgen selbst im Spiegel und sagen:

»Hallo!«
»Na, gut aussehender Mann?«
»Hi, schöne Frau!«

Versuch einmal, so etwas zu sagen, wenn du die Person im Spiegel mit ihrem verschlafenen Gesicht, strubbeligem Haar, schlechtem Atem oder Falten ansiehst. Hab keine Angst, denn du versuchst damit, dieses Gesicht in ein schönes und attraktives Gesicht zu verwandeln.

(Wer außer dir soll sich sonst trauen, dein Gesicht in solch einem Zustand anzusehen?)

Menschen können in **4** Kategorien unterteilt werden.

Gruppe 1: Ich habe unrecht und du hast unrecht.
Gruppe 2: Ich habe unrecht und du hast recht.
Gruppe 3: Ich habe recht und du hast unrecht.
Gruppe 4: Ich habe recht, und du hast recht.

Gruppe 1: Schreibt sich selbst und anderen Schuld zu

Das ist ein Mensch mit negativer Einstellung, der sich selbst verachtet und glaubt, er sei zu nichts in der Lage. Er glaubt, auch die anderen könnten nichts schaffen. Dieser negative Menschentyp ist unentschlossen, und abgesehen davon blickt er auf andere herab. Er fühlt sich schuldig und findet nicht den Mut, sich der Wahrheit zu stellen. Täglich so zu denken, endet mit Sicherheit darin, dass die negativen Dinge im Leben Gestalt annehmen.

Gruppe 2: Fühlt sich schuldig, schätzt aber andere

Diese Gruppe von Leuten wurde zu Minderwertigkeitskomplexen erzogen. Das Gefühl der Unterlegenheit entsteht, wenn man schon von jüngsten Jahren an ständig von den Eltern und Verwandten beschuldigt wird. Was auch immer sie taten, wurde als falsch wahrgenommen. So werden sie von einem Gefühl der Unzulänglichkeit geprägt und glauben, sie seien »nicht gut genug«, »nicht klug genug«, »der Mühe nicht wert«. Die Erwachsenen vermittelten ihnen ein mangelndes Selbstwertgefühl. Ihr Denken ist allerdings nicht völlig negativ, denn sie erkennen immer noch das Positive in anderen und etwas von der Schönheit der Welt.

Gruppe 3: Ist selbstsicher, wälzt aber Verantwortung auf andere ab

Diese Menschen haben mehr negative Gedanken, als die der zweiten Gruppe. Sie beobachten jeden Tag, was andere tun, hacken auf Leuten herum, verachten und kritisieren sie. Sie geben gern ihren Partnern oder den Kindern die Schuld, wenn etwas nicht klappt. Am Ende ihres Lebens stehen solche Menschen oft allein und ohne Freunde da. Sollten sie doch Freunde haben, sind diese häufig ähnlich negativ eingestellt.

Gruppe 4: Schätzt sich und andere

Diese Menschen sind mit einem wunderbaren Blick auf die Welt gesegnet. Von Kindesbeinen an haben sie von ihren Eltern gelernt, das Leben positiv zu sehen. Erstens haben sie im Leben Gutes erlebt. Zweitens haben sie gelernt, mit der Natur zu leben und ihre Umwelt und die Tiere zu achten. Drittens wurde ihnen beigebracht, zwischen Gut und Böse zu unterscheiden. Viertens lehrte man sie, Probleme zu lösen, ohne auf Gewalt oder Verletzungen zurückzugreifen. Und schließlich lernten sie, die Menschen um sie herum zu schätzen. Ihre Eltern waren ihnen gute Vorbilder, an denen sie sich orientieren konnten. Und da sie all dies schon in frühester Kindheit gelernt haben, sind die Menschen in dieser Gruppe mit positiven, glücklichen Gedanken aufgewachsen.

Kindern kann
eine positive Einstellung
im Laufe der Zeit auf unterschiedliche Weise vermittelt werden,
indem man beispielsweise mit ihnen
Filme anschaut, Musik hört
und Spiele spielt ...

Beschuldigungen und Bestrafungen
sind kein guter Weg,
um positives Denken zu fördern ...

Unterricht sollte für die heranwachsenden Kinder positiv
und konstruktiv sein, nicht fahrig, intolerant
und verachtend.

Das ist wichtig, denn Erwachsene neigen dazu, Dinge
unbewusst und emotional zu tun, und bevor ihnen klar wird,
was sie getan haben,

kann es schon zu spät sein.

Wenn du ein gutes Leben beginnst,

wird es immer gut sein.

Willst du ein besseres Leben führen, solltest du alles in einem positiven Licht betrachten.

Denk positiv, sprich über positive Dinge, betone jeden Tag die guten Dinge; das trägt zu einem guten Leben bei.

WELCHES GESICHT MACHST DU MORGENS???

Mit wem würdest du lieber sprechen ...

mit jemandem, der unzufrieden aussieht

oder **mit jemandem,**
der abgespannt aussieht,

oder

würdest du am liebsten mit
keinem von beiden sprechen

???

(Überlege einmal: Siehst du oft unzufrieden oder abgespannt aus?)

02

Schule den Geist

Wenn du in deinem Beruf angestrengt nachdenken musst, solltest du deinen Verstand mit einer Meditation auf den harten Arbeitstag vorbereiten.

Ein Elektroenzephalogramm (EEG) misst, wie die Gehirnwellen arbeiten.

Es gibt 4 Arten von Gehirnwellen:

1) BETA-Wellen ***mit einer Frequenz von 14–30 Hz:***
Beim Lernen + Arbeiten + im Alltag (wenn wir uns mit ernsten Dingen beschäftigen, kann ihre Frequenz auf über 30 Hz steigen).

2) ALPHA-Wellen ***mit einer Frequenz von 8–13 Hz:***
Beim Umgang mit glücklichen Kindern und Erwachsenen mit einem geschulten Geist (im entspannten Zustand).

3) THETA-Wellen ***mit einer Frequenz von 4–7,9 Hz:***
Im Schlaf oder bei tiefer Entspannung, mit einem gut geschulten Geist, ausgezeichneter Konzentrationsfähigkeit und positivem Denken.

4) DELTA-Wellen ***mit einer Frequenz von 0,1–3,9 Hz:***
In tiefem, traumlosem Schlaf oder tiefer Meditation auf Jhana-Niveau (der höchsten Konzentrationsebene in der Meditation).

Unseren **Geist** kennenzulernen
und **zu schulen,** ist nichts Übernatürliches.
Eine gute Schulung des Geistes erlaubt die **Kontrolle über Emotionen und Denkprozesse.**

Die Schulung des Geistes lehrt uns die Kunst des Lebens, denn wir erlernen den bewussten Gebrauch unserer Sinne, um Probleme klug zu lösen. Das Gehirn kann lernen, bei der Arbeit und im Alltag kreativer zu sein.

Der Grund dafür ist, dass unser **Gehirn** unbegrenzte Gedächtniskapazitäten hat, anders als eine **Festplatte.** Und unser Gehirn verarbeitet kreative Gedanken schneller als jeder **Computer.**

Konzentration des Geistes am Morgen vor der Arbeit oder bevor man ins Bett geht, kann das **Leben glücklicher machen. Wir können unser Gehirn nutzen, um bewusst nachzudenken, bevor wir etwas tun.**

Manche meditieren,
um nach dem Tod
ins Paradies einzugehen.

Die meisten positiven Denker
streben jedoch danach,
Konzentration
aufzubauen, um
Bewusstsein
zu schaffen.

03

Was tut dir gut?

Achtsamkeit durch die fünf Sinne
Die Augen – sehen
Die Ohren – hören
Die Nase – riechen
Die Zunge – schmecken
Hände und Haut – berühren und fühlen

Wenn die fünf Sinne einen Stimulus wahrnehmen, wird der im Gehirn gespeichert. Diese Erfahrungen können als Erinnerung abgerufen werden, wenn sie benötigt wird. Gelegentlich möchten wir diese Erinnerungen umgehen, aber sie tauchen trotzdem auf.

Ein Lieblingslied kann melancholisch stimmen. Wann immer man es hört, kann es traurig und emotional berühren. Andere haben ein fröhliches Lieblingslied, und wenn sie es hören, sind sie euphorisch und möchten tanzen. Dieses Lied kann sie glücklich machen.

Am Anfang des positiven Denkens
steht das Speichern
positiver Gedanken.

Nehmen wir jeden Morgen schlechte Dinge wahr, füllt sich der Kopf mit negativen Gedanken, die zu einem unglücklichen Leben führen.

Wie ein Computer, der mit einem Virus infiziert ist, kann das menschliche Gehirn mit schlechten Gedanken verseucht sein.

Benehmen wir uns ständig schlecht,
tun wir immer das Falsche,

kann solch eine Negativität dauerhaftes Fehlverhalten bewirken.

Wenn also in deinem Leben Negatives auftaucht, trägst du allein die Schuld daran.

Stell dir vor, es gibt

zwei Menschen mit einem ähnlichen Lebensstil,

die aber bestimmte Dinge unterschiedlich tun.

Die erste Person hört morgens nach dem Aufwachen ein fröhliches Lied und sieht einen lustigen Film, bevor sie zu Bett geht.

Die zweite Person hört nach dem Aufwachen herzzerreißende Lieder und schaut sich gewaltbetonte Filme an, bevor sie zu Bett geht.

Ist das Leben dieser beiden Personen so verschieden?

Eigentlich nicht, sie haben nur einen unterschiedlichen Geschmack.

Positive Erlebnisse wird aber eher die erste Person haben, die zweite hingegen neigt zu

negativem Denken

und **Unglücklichsein.**

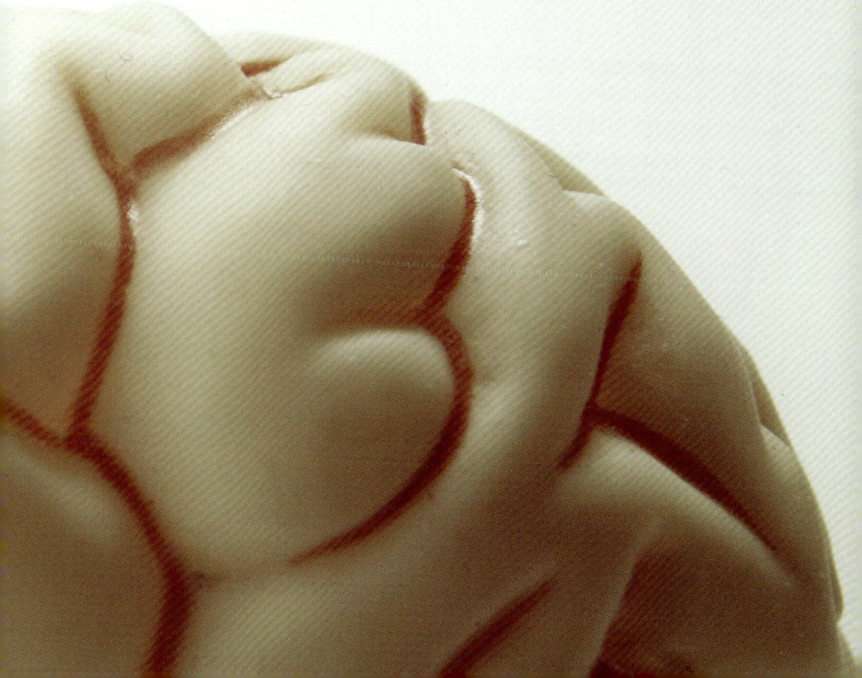

04

Nimm dir vor ... was du willst

Ist man hungrig und geht in einen
Supermarkt, wird man wahrscheinlich
zu viel zu Essen einkaufen.

An einem Ort mit verführerischen Produkten
kauft man mit Sicherheit nicht nur das,
was man braucht, sondern auch
eine Menge von dem, was man nicht braucht.

Macht man sich aber einen Einkaufszettel,
kauft man nur das,
was man aufgeschrieben hat.

Lerne, die im Alltag zu erledigenden Dinge aufzulisten. Ganz oben auf der Liste sollte das stehen, was mit der größten Verantwortung und Verpflichtung verbunden ist.

Wenn du dir nicht jeden Morgen Ziele setzt, etwa die Arbeiten, die zu verrichten sind oder das Buch, das du zu Ende lesen willst, wirst du feststellen, dass dir viel dazwischenkommt und dich ablenkt. Am Ende des Tages erkennst du, dass du nichts Konkretes erreicht hast.

Deshalb ist es wichtig, sich für jeden Tag kleine realistische Ziele zu setzen und sie wie geplant zu erreichen.

★ ★ ★ ★ ★ ★ ★ ★ ★ ★ ★ ★ ★ ★ ★ ★

Manchmal hat man etwas vor und schafft es nicht, weil im Leben immer seltsame, ungeplante Dinge geschehen. Dann sollte man sich keine Sorgen machen, sondern am nächsten Tag einfach einen neuen Versuch starten.

★ ★ ★ ★ ★ ★ ★ ★ ★ ★ ★ ★ ★ ★ ★ ★

Wenn du dir ein klares Ziel setzt, verzettelst du dich nicht.

Schreib deine Ziele
für den Tag morgens auf,
bevor du das Haus verlässt,
und versuche, sie zu erreichen.

*(VERNÜNFTIGE ZIELE ZU HABEN, HILFT,
NEGATIVES DENKEN UND SCHLECHTE EINFLÜSSE ZU VERMEIDEN.)*

05

Frühstücke jeden Tag

Kinder im Alter von 1 bis 3 Jahren brauchen 1200 Kalorien Energie am Tag.
Kinder im Alter von 4 bis 6 Jahren brauchen 1450 Kalorien Energie am Tag.
Kinder im Alter von 7 bis 9 Jahren brauchen 1600 Kalorien Energie am Tag.

Jungen im Alter von 10 bis 12 Jahren brauchen 1850 Kalorien Energie am Tag.
Jungen im Alter von 13 bis 15 Jahren brauchen 2300 Kalorien Energie am Tag.
Jungen im Alter von 16 bis 19 Jahren brauchen 2400 Kalorien Energie am Tag.

Mädchen im Alter von 10 bis12 Jahren brauchen 1700 Kalorien Energie am Tag.
Mädchen im Alter von 13 bis 15 Jahren brauchen 2000 Kalorien Energie am Tag.
Mädchen im Alter von 16 bis 19 Jahren brauchen 1850 Kalorien Energie am Tag.

Der Tag sollte immer mit einem Frühstück beginnen, denn das Gehirn arbeitet effizienter, wenn es mit Nahrung versorgt wurde.

Fast alle medizinischen Ratgeber empfehlen, zu frühstücken, denn der menschliche Körper braucht Energie, um richtig zu funktionieren, und das gilt auch für das Gehirn.

Ebenso benötigt der Körper Zeit,
um sich auszuruhen und neue Energie zu tanken,
genau wie ein Akku.

Die besten Methoden, um die Energiereserven des Körpers wieder aufzuladen, sind
erstens: sechs bis acht Stunden Schlaf pro Nacht ,
zweitens: nährstoffreiches Essen und die fünf Nahrungsmittelgruppen in drei Mahlzeiten am Tag abdecken,
drittens: viel Wasser trinken,
und viertens: konstruktive Wege finden, um alle fünf Sinne zu schulen.

Das ist sehr einfach und umsetzbar.
Und denk daran:
Ein gesundes Leben ist
ein glückliches Leben.

DEINE MAHLZEIT LÄCHELT DICH AN!

Wer im Leben vorankommen will,

muss viel lernen und arbeiten.

Der Körper

ausreichend Energie, um so effizient

wie möglich zu funktionieren.

Dabei sollten Proteine für das Gehirn nicht fehlen.

06

Bring deine Mitmenschen zum Lachen

Es gibt Menschen, die andere zum Lachen bringen können. Das ist eine Art, charmant zu sein und positive Aufmerksamkeit zu erregen.

Und manche, mit einer anderen Denkweise, bringen es fertig, täglich wenigstens dreimal jemanden zu verärgern.

Jemanden glücklich zu machen, gilt als kreative und den Verstand fördernde Art, das Gehirn zu trainieren.

Es ist auch ein natürlicher Weg, negative Gedanken zu vermeiden.

Humor und Freude zu verbreiten, sorgt für ein glückliches Umfeld und führt schließlich zu einem positiveren Leben.

Auf dieselbe Art, wie du dein Gehirn nutzt, um etwas Kreatives hervorzubringen, nutzt du es auch, um deine Kollegen zum Lachen zu bringen. Das ist positive Kreativität.

= Win + Win + Win-Situation

01 Der erste Gewinn ist, dass du dein Gehirn trainierst, wenn du über etwas Neues und Aufregendes nachdenkst, das du Freunden oder Kollegen erzählen kannst. Dieser Denkprozess ist an sich schon eine tolle Art der Stressreduzierung.

02 Der zweite Gewinn ist, dass du so deine Sozialkompetenz ausbaust. Wer witzige Unterhaltungen führen kann, zieht gewöhnlich mehr Aufmerksamkeit auf sich und ermutigt die Menschen, ihm Gesellschaft zu leisten.

03 Der dritte Gewinn ist, dass du andere glücklich machst. Sei es ein Familienmitglied, Freund oder Kollege, jeder wird zu schätzen wissen, dass du den Tag gerade etwas verschönert hast. Solche angenehmen Momente sind für alle ein Wohlfühlfaktor.

Vorsichtsmaßnahmen beim Witze-Erzählen

★★★★★★★★★★★★★★★★

01 Erzähle keinen Witz, wenn ein Kellner gerade etwas serviert, denn wenn er lacht, könnte sein Speichel in dein Essen gelangen, und das will doch keiner.

02 Erzähle Witze nur zur richtigen Gelegenheit. Bei einer Beerdigung zum Beispiel könnte ein Witz als unpassend empfunden werden.

03 Erzähle einem Freund keine Witze, wenn ihr mit Fremden in einem Aufzug seid. Die möchten vielleicht auch lachen, trauen sich aber nicht.

04 Erzähle in der Öffentlichkeit keine negativen Witze über Ehefrauen oder Ehemänner. Zuhörer könnten deine Absicht falsch interpretieren.

05 Erzähle keine Witze auf der Herrentoilette, denn wenn die anderen lachen, könnten sie danebenzielen und den Raum verschmutzen.

Anleitung zum Witze-Erzählen

★★★★★★★★★★★★★★★★

01 Mach ein fröhliches Gesicht, wenn du einen Witz erzählst. Guckst du zu ernst, erkennt dein Publikum vielleicht nicht, dass du etwas Komisches erzählst und versteht dich falsch.

02 Über Schwiegereltern zu lästern ist erlaubt. Wenn du deine Gedanken nicht mit anderen teilst, könnte dich das frustrieren.

03 Teste einen Witz erst einmal bei Leuten aus, von denen du weißt, dass sie gern lachen. Probierst du ihn gleich bei Leuten aus, die Witze nicht verstehen, könnte dein Selbstvertrauen leiden, wenn sie nicht lachen.

04 Erzähle deinen Freunden auf jeden Fall schmutzige Witze. Wenn aber zum Beispiel eine Frau dabei ist, mit der du gerade flirtest, lass es bleiben. Punkt!

05 Du darfst über deinen eigenen Witz lachen. Schließlich fandest du ihn lustig genug, um ihn weiterzuerzählen, oder? Und erkläre den Witz nicht, nachdem du ihn erzählt hast. (Geh einfach und lass die Zuhörer selbst dahinterkommen.)

Gott
hat die Welt in sechs Tagen erschaffen: Bäume, Bäche, Berge, Tiere, Meeresbewohner, Früchte, Gemüse.

Gott
hat sechs Tage lang richtig hart gearbeitet. Aber den siebten Tag hat er sich selbst und den Menschen eine Pause gegönnt, um auszuruhen.

Deshalb beachte:
Wenn du dich müde und erschöpft, abgelehnt, enttäuscht und schlapp fühlst,

erinnere dich daran,

dass du innehalten und dich an mindestens einem Tag in der Woche ausruhen solltest, um den Stress abzubauen und den Akku wieder aufzuladen.

07

Höre nicht auf üble Nachrede und Gerüchte

81 % aller üblen Geschichten werden weitergegeben, aber nur 13 % der guten.

Die Leute hören gern schlechte Nachrichten über andere. Sie geben diese auch gern weiter.

Das trifft besonders auf die weniger Gebildeten zu, denn es gibt den Leuten das Gefühl, besser zu sein als andere.

Sich am Unglück anderer zu erfreuen, vermittelt für kurze Zeit das trügerische Gefühl, selbst glücklich zu sein. Auf lange Sicht wird diese Art zu denken aber zu einer schlechten Angewohnheit, die sich negativ auf den Charakter eines Menschen auswirkt.

★ ★ ★ ★ ★ ★ ★ ★ ★ ★ ★ ★ ★ ★ ★ ★

Es gibt ein Naturgesetz:
das Gesetz der Anziehung,
und es ist sehr mächtig.

★ ★ ★ ★ ★ ★ ★ ★ ★ ★ ★ ★ ★ ★ ★ ★

Es besagt im Grunde, dass Gedanken wie Magnete sind

und positive Dinge im Leben von
guten Gedanken angezogen werden.

★ ★ ★ ★ ★ ★ ★ ★ ★ ★ ★ ★ ★ ★ ★ ★

Andererseits holen negative
Gedanken schlechte Dinge
und Pech ins Leben.

★ ★ ★ ★ ★ ★ ★ ★ ★ ★ ★ ★ ★ ★ ★ ★

Vermeide deshalb, schlecht über andere zu reden.
Wenn du so negativ über jemanden denkst,
könnte das Unglück auch dich treffen.

SCHLAFENSZEIT:
EINE GUTE ZEIT

Sei nicht zu gutgläubig,

besonders, wenn es um negative
oder strittige Themen geht.

Wenn jemand versucht, dich in
skandalsüchtiges, verleumderisches
Gerede zu verwickeln, sag einfach,
du seist nicht interessiert,
oder

tu so, als würdest du einschlafen!

08

Betrachte die Welt … wie sie betrachtet werden sollte

**Bringst du deinem Kind das Schwimmen bei,
mach dir keine Sorgen, wenn es dabei
ein bisschen Wasser schluckt.**

Bringst du deinem Kind das Laufen bei, mach dir keine Sorgen, wenn es fällt und sich das Knie aufschlägt.

Bringst du deinem Kind das Fußballspielen bei, mach dir keine Sorgen, wenn es vom Ball getroffen wird.

Geht dein Kind zur Schule, mach dir keine Sorgen darüber, wenn es sich mit den Mitschülern streitet.

Willst du deinem Kind beibringen, seine Arbeit gut zu tun, mach dir keine Sorgen darüber, wenn es gelegentlich zu viel arbeitet.

So ist das Leben.

Im Leben geht es auf und ab, es gibt
Glück, Kummer, Einsamkeit und Liebe.

Im wahren Leben geht es immer um Balance.
Wie bei der Komposition
eines Bildes mit vielen unterschiedlichen Farben,
die alle zur Schönheit des Ganzen beitragen.

Die Kreation eines köstlichen Gerichts
gelingt durch die Kombination
verschiedener Geschmacksnoten:
sauer, süß, salzig, scharf.

Das Geheimnis des Erfolgs besteht darin, die Zutaten und Gewürze im perfekten Verhältnis zu mischen.

Wer lernt, eine positive Einstellung dem Leben gegenüber zu haben, hat einen unbeschwerten, ausgewogenen Blickpunkt.

Du bist vielleicht nicht wohlhabender als zuvor, aber deine Gedanken sind harmonisch und das hilft dir, vom selben Standpunkt aus eine schönere Welt zu erblicken.

Weder die Welt noch das Leben haben sich geändert, aber wenn du sie aus einem neuen Blickwinkel betrachtest, kann sie ein schönerer Ort sein.

DER BESTE AUGENBLICK IST DER,
IN DEM WIR JEMANDEM,
DEN WIR LIEBEN,
ETWAS BESONDERES SCHENKEN.

LEHRE des LEBENS

Das Leben erteilt uns ständig Lektionen. Bewahre alle guten Erinnerungen in einer schönen Schachtel auf und sieh sie dir an, wenn du sie vermisst.

Wirf alle schlechten Erinnerungen weg.

09

Kopf hoch und lächeln

Versuche, in jeder Situation zu lächeln.

Das fällt rundlichen Menschen oft leichter,
denn schon als Kinder waren sie die fröhlicheren.

Ihnen fiel es leicht, zu lachen. Sie hatten Pausbacken, aßen und schliefen gut und waren stets unbeschwert.

Denk dran: Ein Lächeln könnte dein Leben um zwei Minuten und ein Lachen nochmal um fünf Minuten verlängern.

Ein Lächeln hat keine Nachteile. Vielmehr hilft dieser Ausdruck von Glück und Freude dabei, die Welt Tag für Tag zu einem besseren Ort zu machen.

Einigen Menschen fällt es schwer zu lächeln.
Das mag am Stress liegen,
der ein Gesicht angespannt aussehen lässt.

Einige Menschen sehen schon früh
nicht mehr gut aus, weil sie ständig einen
griesgrämigen Blick zur Schau tragen.

Die Wissenschaft hat noch nicht herausgefunden,
warum einige Menschen ihr gutes Aussehen
früher verlieren als andere.

Nachdem Gott diese Welt erschaffen hatte, schuf er einen roten Ball und nannte ihn »Glück«.

Zuerst versteckte Gott
diesen Ball des Glücks in einem Berg,
aber die Menschen fanden dieses »Glück« schließlich.

Dann versteckte Gott
den Ball des Glücks im Meer,
aber schließlich fanden die Menschen ihn auch dort.

Zuletzt
versteckte Gott den Ball des Glücks
in den Herzen der Menschen,
und seither können Millionen von Menschen
ihr Glück nicht mehr finden.

(Diese Geschichte wird schon seit Langem erzählt, aber es gibt keinen Hinweis darauf, woher sie kommt. Dennoch möchte ich als Autor dieses Beispiel nutzen, um dir zu helfen, das Glück im Leben zu leichter finden. Danke.)

EINEM KIND MUSS MAN NIE ERKLÄREN,
WIE MAN LÄCHELT.
ABER VIELEN ERWACHSENEN.

Lächle.

Lächle jeden Tag.
Kindern fällt das Lächeln und
Lachen leicht. Warum fällt
es Erwachsenen
so schwer, zu lächeln
???

10

Umarmen + Lieben + Berühren

Menschen aus dem Westen begrüßen sich mit einer Berührung.

Sie geben einander die Hand, umarmen sich, küssen einander die Wangen oder den Handrücken einer Dame. Das sind Bräuche und Traditionen, die körperliche Verbundenheit fördern.

Weil Berührungen durch die Nerven der Haut wahrgenommen werden können, erinnert sich einer der fünf Sinne daran. Die Information über die Berührung wird zum Hirn gesendet und die Erfahrung dort gespeichert.

Einer der Gründe, sich zu **berühren,**
besteht darin, vom anderen Wärme zu erhalten.

Manchmal bedeutet eine **Berührung**
mehr als Worte. Manchmal vermittelt
eine **Umarmung** mehr als erwartet.

Es ist ein Gefühl der **Wärme**
und der **Zusammengehörigkeit,**
die Verbannung der **Einsamkeit.**
Wie können wir also jemandem
nahekommen?

In einigen Familien berühren sich die Familienmitglieder kaum. Mutter und Vater umarmen die Kinder nie.

Und viele Kinder wachsen auf, ohne eine solche Nähe zu erleben. Hat das Einfluss auf ihr späteres Leben?

Die Wärme der Berührung hilft, engere Beziehungen zu knüpfen.

In Familien, in denen enger körperlicher Kontakt dazugehört, trauen sich Kinder, offener mit ihren Eltern zu sprechen.

Sie fühlen sich verbundener und nehmen Nähe leichter an.

Wenn aus Eltern und Kindern Freunde werden, verringert sich die Notwendigkeit, Wärme außerhalb der Familie zu finden. Kinder können offener mit ihren Eltern über ihre Gefühle sprechen. Haben sie Probleme, wissen sie, dass sie ihre liebenden Eltern um Rat fragen können.

Tatsächlich,

brauchen nicht nur Kinder diese Wärme.
Auch Erwachsene profitieren davon.

★★★★★★★★★★★★★★★★

Du kannst eine Bindung zu deinen Kindern aufbauen,
indem du sie jeden Morgen umarmst, bevor du das Haus verlässt und wenn du abends von der Arbeit kommst.

★★★★★★★★★★★★★★★★

Umarmt euch jeden Tag

und erinnert euch daran,
dass ihr dazu nie zu alt seid.
Solch eine Wärme sollte in einer Familie zwischen allen Generationen herrschen.

EIN BABY ZU UMARMEN, KOSTET NICHTS.

DEINE MUTTER ZU UMARMEN, KOSTET NICHTS.

DIE ELTERN KANN MAN IMMER UMARMEN
UND KOSTET NICHTS.

DIE MEISTEN ANDEREN WEGE ZUM GLÜCK
KOSTEN MIT SICHERHEIT VIEL MEHR.

Sag deinen Lieben, dass du sie liebst.

Halt ihre Hand und umarme sie oft.

Wer das nicht tut, wird zu einer leeren Hülle.

★★★★★★★★★★★★★★★★

Es kostet nichts,
jemanden zu umarmen!

Zeig deine Liebe...
und drück deine
Gefühle aus.

Zu lieben ...
und deine Gefühle nicht auszudrücken,
heißt, eine Gelegenheit zu verpassen,
und das könntest du später bereuen.

11

Sei nicht zu ernst

Wie fängt man einen diebischen Affen am besten?

1) Stell ihm eine Falle mit einem Lasso. Leg ihm als Köder etwas zu Essen in die Mitte und zieh die Schlinge zu, wenn er in die Falle tritt.
2) Erschieß den Affen mit einem Schrotgewehr oder verscheuch ihn, indem du in die Luft schießt.
3) Nimm einen Stahlkäfig, lass die Tür offen und lock den Affen mit etwas Leckerem hinein. Betritt der Affe den Käfig, um den Köder zu holen, schließt sich die Falle.

In der Realität sind alle drei Methoden falsch. Man kann so vielleicht den Affen fangen, aber es gibt bessere Methoden.

Im ersten Beispiel ist der Affe vielleicht zu schnell und verschwindet mit dem Futter.

Im zweiten Beispiel ist es vielleicht doch zu grausam, ein Gewehr zu benutzen. Das ist eher Jagen als Fangen. Das Geräusch des Schusses könnte dem Affen Angst machen und ihn vertreiben, aber er kann jederzeit zurückkommen.

Das dritte Beispiel kann nur ein Mal funktionieren, denn der Affe ist sehr klug. Wird einer seiner Artgenossen so eingefangen, geben die anderen Affen eine Warnung weiter, und keiner von ihnen kommt je wieder.

Der erfahrene Tierexperte wird dir erklären, dass du

1) um einen Affen zu fangen, das Verhalten des Affen verstehen musst.
2) die Tür zu dem Problem nur mit dem richtigen Schlüssel öffnen kannst.
3) klüger sein musst als der Affe, wenn du die Aufgabe bewältigen willst.

Die einfachste Art, einen diebischen Affen zu fangen, ist

1) ein Messinggefäß mit einer engen Öffnung zu benutzen,
2) eine Banane hineinzustecken und
3) die Falle dorthin zu stellen, wo Affen normalerweise stehlen.

Wenn der Affe versucht, die Banane zu stehlen, wird er sie fest umfassen und damit fortlaufen. Er lässt sie nicht mehr los und trägt das Gefäß mit sich herum. Messing ist schwer, zerbricht nicht, und der Affe wird langsamer. So kann er auch nicht mehr auf Bäume klettern und ist einfach zu fangen.

Bist du klüger als das Problem, kannst du es leicht lösen.

Manchmal ist es nötig loszulassen.
Bedrückt uns ein ernstes Problem neigen wir dazu, es ständig mit uns herumzutragen und uns damit zu belasten.

Genau wie der Affe, der seine Lieblingsspeise nicht loslässt, sind wir in den Fallen des Lebens gefangen.

Die Falle des Geldes
lässt uns immer weiterarbeiten, weil wir immer mehr wollen. Wir erkennen nicht, was »ausreichend« oder »genug« ist.

Auch die Falle des Ruhms und der Prominenz lässt uns jeden Abend ausgehen, damit die Paparazzi uns sehen, denn wir wollen keine Gelegenheit verpassen, unser Bild mit denen der anderen Schönen und Reichen auf die Gesellschaftsseiten der Zeitschriften zu bringen.

Die Falle der Profitjagd
raubt vielen Menschen den Schlaf und lässt sie die fundamental wichtigen Dinge des Lebens wie Familie und Freunde ignorieren.

★ ★ ★ ★ ★ ★ ★ ★ ★ ★ ★ ★ ★ ★ ★ ★

Die Falle des Erfolgs
lässt viele Leute erfolgreichen Menschen folgen. Dennoch haben sie keine Ahnung, wie sie ihren eigenen Erfolg voranbringen sollen.

★ ★ ★ ★ ★ ★ ★ ★ ★ ★ ★ ★ ★ ★ ★ ★ ★

Wenn wir uns wie der diebische Affe benehmen, der nach allem greift und nichts loslassen will, geraten wir schnell in eine Falle.

Wenn wir loslassen, was uns nicht gehört, und ein normales Leben im Rahmen unserer Möglichkeiten führen, werden wir glücklich sein.

In dieser Welt ist nichts umsonst. Es gibt viele Versuchungen, nicht nur Bananen, sondern auch Gold, Aktien, Ruhm und vieles mehr.

Die Banane lockt den Affen in die Falle.
Gold lockt Materialisten in die Falle.
Aktien locken die Gierigen in die Falle.
Ruhm lockt Möchtegernpromis in die Falle.

Willst du dich von vielen Problemen befreien, lass einfach los. Sei nicht wie der Affe, der in das schwere Gefäß greift und versucht, davonzuzulaufen.

Und du kannst sicher sein:

Andere wissen, dass du in der Falle sitzt!

SEI NICHT
SO
ERNST!!!

Belaste dich nicht mit schwierigen Problemen,

denn dein Kopf hat nicht unendlich viel Platz dafür.
Muss er zu viel verarbeiten,
kann er wie ein Computer streiken.

Versuche, deinen Körper und deinen Geist glücklich zu machen.

Versuche, zehn Jahre jünger auszusehen, als du bist.
Benimm dich aber nicht wie ein Jugendlicher,
um mit jüngeren Leuten zu flirten,
damit du nicht als »alter Bock« wahrgenommen wirst!

12

Liebe ... Liebe ... Liebe

Du musst dich nicht anstrengen, um Kinder und Tiere zu lieben. Liebe macht glücklich.

Liebe wilde Tiere

Liebe Pflanzen

Liebe Katzen

Liebe deine Kollegen

Liebe die Umwelt

Liebe deine Welt

Liebe das Lesen

Liebe deine Mitschüler

Liebe Fremde

Liebe deinen Feind

Liebe, von der abgeraten wird,

ist

die Liebe zu einem Mitschüler, der schon eine Freundin hat,

die Liebe zu einem Kollegen, der verheiratet ist,

jemandem aus Liebe
etwas zu stehlen
zum Beispiel ein Haustier,

die Liebe zu einem alten Mann (zu einem Lustgreis!!)

EINE LIEBESGESCHICHTE

IST IMMER EIN KLASSIKER

13

Vergleiche dich nicht mit anderen

**Jedes Leben ist wertvoll.
Jeder muss seinen eigenen Weg gehen.**

Denk deshalb nicht darüber nach,
wer besser oder schlechter ist als du.

Verschwende keine Zeit mit der Frage,
wer reicher oder ärmer ist als du.

Kümmere dich nicht darum, wessen Vater bessere
Beziehungen hat oder welche Familie angesehener ist,

denn das Leben so mit dem anderer zu vergleichen,
führt nur zu negativen Gefühlen.

Dann gibt es auch diejenigen,
die das Leben aus einer anderen,
aber ähnlich negativen Perspektive sehen.

**Sie vergleichen ihr Leben mit denen,
die in der sozialen Hackordnung
unter ihnen stehen, um sich im Vorteil
und »glücklicher« zu fühlen.**

Treffen solche Leute aber auf diejenigen, die reicher und klüger sind,
müssen sie sich auch mit ihnen vergleichen.

Und diese Vergleiche führen dazu, dass sie sich unzulänglich

und unglücklich fühlen!

WARUM
VERGLEICHEN
SICH MANCHE
LEUTE SO GERN
MIT ANDEREN
???

Jeder hat seine guten Seiten.

Betrachte einfach einmal
die guten Eigenschaften
deiner Freunde,
und du wirst glücklich sein.

14

Achte gut auf dein Herz!

Wenn das menschliche Herz
60 Mal pro Minute schlägt,
schlägt es in einer Stunde 3600 Mal,
an einem Tag 86.400 Mal,
in einem Monat 2.592.000 Mal
und in einem Jahr 31.104.000 Mal.

Im Alter von 30 Jahren hat
das Herz 933.120.000 Mal geschlagen.

Im Alter von 80 Jahren hat
das Herz 2.488.320.000 Mal geschlagen.

**Deshalb solltest du dich gut
um dein Herz kümmern.**

Wem es schwerfällt zu lieben, der könnte hartherzig sein.
Andererseits laufen zu offenherzige Menschen Gefahr,
häufig verletzt zu werden.
Versuche, mit einem »feinfühligen« Herzen zu leben.

Es gibt zwei Welten,
die innere und die äußere.

Die äußere Welt
ist

diejenige, die man sieht, wenn man die Augen öffnet
und sich umschaut. Es ist eine aufdringliche Welt
voller Ablenkungen und Versuchungen.
Sie hält uns oft fern von unserem wirklichen Selbst.

Die innere Welt
ist

die Welt der Seele.

Sie ist die Welt, die man mit dem geistigen Auge sieht,
wenn man die Augen schließt, die friedliche Welt,
die dir den Blick ins
Herz öffnet.

Dasselbe Herz, das schon dein ganzes Leben lang schlägt,
dasselbe Herz, das dich stark macht,
dasselbe Herz, das nie aufgegeben hat, ganz gleich,
wie viele Hindernisse dir begegnen.

Bedanke dich bei deinem Herzen!!!
Es hat dich glücklich und stark bis hierhin gebracht.

LOVE
YOU

VERWAHRE DEIN HERZ IN EINER SCHACHTEL UND KÜMMERE DICH DARUM

★★★★★★★★★★★★★★★★

Das Herz ist so groß wie eine Faust.

Es liegt etwas links
von der Brustmitte.
Gebrauche es gut.

Gebrauche es,

um deine Familie mehr zu lieben,
um deine Freunde mehr zu lieben,
um auch dich selbst mehr zu lieben.

15

Herausforderungen annehmen

Oft begegnen wir Herausforderungen,
und manchmal stehen wir
vor sehr schwierigen Lebensaufgaben;
Aufgaben, die das Herz scheinbar
nicht bewältigen kann,

und dennoch halten wir durch. Wir kämpfen weiter
und lernen die Lektionen des Lebens.

Unser Leben besteht aus einer Reihe von Geschichten, die wir an die nachkommenden Generationen weitergeben in der Hoffnung, dass unsere Erfahrungen ihnen bei der Bewältigung ihrer eigenen Herausforderungen helfen.

Was dich gestern stark gemacht hat, macht andere
heute stark.

Die Lektionen des Lebens
betreffen jeden.

Sie lehren, was richtig und falsch ist.

Sie lehren, weiterzumachen und
sich nicht entmutigen zu lassen.

★ ★ ★ ★ ★ ★ ★ ★ ★ ★ ★ ★ ★ ★ ★ ★

Wem es gelingt, alle positiven Lebenserfahrungen für eine bessere Lebensweise einzusetzen, versteht die **wahre Bedeutung** des Begriffs

★ ★ ★ ★ ★ ★ ★ ★ ★ ★ ★ ★ ★ ★ ★ ★

»positives Denken«.

WIR KÖNNEN UNS DER ZEIT ANPASSEN,
ABER WIR BEKOMMEN SIE NIE ZURÜCK.

DIE VERGANGENHEIT LÄSST SICH NICHT ÄNDERN, WOHL ABER DIE ZUKUNFT.

16

AUS UND VORBEI

Ein 35-jähriger Arzt untersuchte eines Tages seine Mutter und stellte fest, dass mit ihrem Bauch etwas nicht in Ordnung war.

Er drängte das Chirurgenteam des Krankenhauses, seine Mutter sofort zu operieren. Die Chirurgen entdeckten, dass die Mutter des Arztes ein seltsames, hartes Objekt in der Gebärmutter trug.

Nach einer gründlichen Untersuchung kamen sie zu dem Schluss, dass es sich um die Überreste eines Embryos handelte, der so alt war wie der Arzt.

Das Objekt im Körper der Mutter war also der Zwilling des Arztes, aber sie waren nicht zusammen auf die Welt gekommen.

Später an diesem Abend
sah sich der junge Arzt den Sonnenuntergang an.

Er dachte darüber nach,
dass er so viel Glück hatte, geboren zu werden und diese Welt sehen zu können.
Er war nicht im Bauch seiner Mutter geblieben.

Er erkannte, dass er
das Glück hatte zu atmen,
das Glück, das Tageslicht zu sehen,
das Glück, den Nachthimmel zu betrachten,
das Glück, Regen und Gewitter zu erleben,
das Glück, herumlaufen zu können,
das Glück, viele Freunde zu haben.

Er hatte das Glück, zu lachen, wenn er fröhlich war,
das Glück, sich gut mit seinen Mitschülern verstanden zu haben,
das Glück, mit den Kollegen reden zu können,
das Glück, den Job zu bekommen, den er immer gewollt hatte,
das Glück, seinen Vater und seine Mutter umarmen zu können,
das Glück, seine Freundin kennengelernt zu haben.
Und er dachte, dass er…

Glück hatte zu leben, bis jetzt.

RECHTZEITIG
ZEITNAH
SHOWTIME
REGULÄRE ZEIT
PRIMETIME
GUTE ZEIT
SCHLECHTE ZEIT
RICHTIGE ZEIT

Denk einmal darüber nach,

was es bedeutet, um Glück zu konkurrieren.
Profitierst du dabei fürs Leben?

Wer den **Wert der Zeit zu schätzen weiß,**
lässt sie nicht untätig verstreichen.

Er widmet seine gesamte kostbare Zeit
der Gestaltung des Lebens,
damit es gut wird:

glücklich,
friedlich
und entspannt.

17

DIE SCHÖNHEIT DER ERDE

Die Erde lässt sich aus unterschiedlichen Blickwinkeln betrachten. Man kann sie grausam finden oder ihre Schönheit sehen.

Man kann eine Welt voller Glück sehen
oder eine Welt voller Leid
oder eine Welt voller Gier und Versuchung.

Manche betrachten sie als einen Ort der Herausforderung,
der sie sich widerstandslos unterworfen haben.
Auf der Erde wird es immer Kämpfe geben, selbst wenn jemand
alle Energie dafür einsetzt, um dem Einhalt zu gebieten.
Und für wieder andere ist die Welt langweilig und traurig.

Man kann die Welt als Ort voller Menschen sehen,
die Respekt verdienen. Aus einer anderen Perspektive
erscheint sie jedoch als Ort des Betrugs und des Chaos.

Im Leben gibt
es nur eine Wahl:
und zwar von
welchem Standpunkt
aus man die Welt
betrachtet, denn
sie ist und bleibt
immer dieselbe.

Ganz gleich, wo oder wann
jemand geboren wurde,
es ist ein
Glück ...
oder
???

MENSCHEN UND HÜHNER
SIND IM KREIS IHRER FAMILIE
IMMER GLÜCKLICH.

18

RECHT HABEN ODER GLÜCKLICH SEIN

Ein frisch verheiratetes Paar befand sich einige Wochen lang auf Hochzeitsreise.

Die beiden beschlossen, zum Strand zu gehen.
Als sie dort Hand in Hand entlangspazierten,
hörten sie plötzlich die Laute eines Tieres:
»Quiek, quiek, quiek, quiek!«

Die Frau sagte zu ihrem Mann:
»Da jault ein Hund so laut.«

Der Mann überlegte einen Moment und erwiderte:
»Ich glaube, das ist das Quieken eines Schweins.«

Dann hörte das Geräusch auf.

Sie setzten ihren Spaziergang fort, als
sie die Laute des Tieres ein zweites Mal hörten:
»Quiek, quiek, quiek, quiek!«

Die Frau sagte zu ihrem Mann:
»Findest du nicht auch, dass dieser Hund sehr laut jault?«

Der Mann aber wusste, dass dieses Geräusch
nicht von einem Hund stammen konnte.
»Bestimmt ist das ein quiekendes Schwein … kein Hund«.

Plötzlich
hörten sie die Laute ein drittes Mal:
»Quiek, quiek, quiek, quiek!«

Die Frau sagte zu ihrem Mann:
»Vielleicht ist dem Hund etwas zugestoßen,
und deshalb jault er so laut, meinst du nicht?«

Ihr Mann war überzeugt davon,
dass es sich nicht um einen Hund handelte.
»So ein Geräusch macht ganz bestimmt kein Hund. Ich bin mir sicher,
dass es von einem Schwein kommt.«

Das Paar setzte seinen Weg am Strand fort, als sie das Tier zum vierten Mal hörten:

»Quiek, quiek, quiek, quiek!«

Die Frau sah ihren Mann mit Tränen in den Augen an und fragte:

»Da drüben ist bestimmt ein Hund, der laut jault. Glaubst du nicht?«

Der Mann sah, wie seiner geliebten Frau Tränen über die Wangen liefen. Er wollte nicht, dass sie noch trauriger war, als ohnehin schon, und erwiderte deshalb:

»Ja, Liebling, ich finde auch, der Hund jault wirklich laut.«

Was ist dir im Leben wichtig?

Jeder Mensch hat einen eigenen Standpunkt,
einen eigenen Kopf, eigene Gedanken und Meinungen.

Viele Menschen fragen sich vielleicht:

»Zu welchem Zweck wurde ich geboren?«
»Warum wurde ich geboren?«

★ ★ ★ ★ ★ ★ ★ ★ ★ ★ ★ ★ ★ ★ ★ ★

Bei diesen beiden Fragen ist es gleichgültig, wer sie stellt,

aber es ist wichtig, wer die Person ist,
die sie beantwortet.

★ ★ ★ ★ ★ ★ ★ ★ ★ ★ ★ ★ ★ ★ ★ ★

Manche antworten vielleicht:
»Er wurde geboren, um Richter zu werden.
Er muss jedem die Wahrheit sagen,
weil die Wahrheit die Wahrheit ist.«

In vielen Fällen streiten sich Vater und Kind,
weil der Vater denkt, Schwarz sei besser als Weiß
und das Kind denkt, Weiß sei besser als Schwarz.

Weil der Vater mehr Macht hat, zwingt
er das Kind, sein Zuhause zu verlassen.

Werden wir aus einem bestimmten Grund geboren, und hängt unser Leben von der Wahrheit und vom Rechthaben ab?
Vom Unterschied ...

zwischen einem Schwein und einem Hund
zwischen Weiß und Schwarz
zwischen einer Ente und einem Huhn
zwischen links und rechts?

Werden wir geboren, um über die zu triumphieren, die wir lieben? Manchmal vergessen wir, wer uns beisteht, wenn wir traurig sind.

Wenn wir krank sind und ins Krankenhaus müssen, wer kommt uns besuchen und sieht nach uns, wer ist vierundzwanzig Stunden am Tag da?

Das tun Familienangehörige – Vater, Mutter, Bruder, Schwester, Kinder und Enkel. Niemand, der nicht zur Familie gehört, wird uns ein Leben lang begleiten.

Wir könnten vergessen, dass es das
Wort »Glück« auf der Welt gibt.

Glück ist ein Weg, dem zu folgen
wir uns immer entscheiden können.

★★★★★★★★★★★★★★★★

Niemand legt dir Steine in
den Weg, um dich davon
abzuhalten, glücklich zu sein.

★★★★★★★★★★★★★★★★

Du weißt nur noch nicht,
wo dein Glück liegt und
was du tun sollst.

Versuche von nun an, zu suchen,
worin dein Glück besteht.

Verbringe dein Leben damit
und du wirst erkennen,
worin dein Glück besteht.

Dich muss nicht kümmern, ob es sich um ein Schwein oder einen Hund handelt.

Schlaf einfach ein!!!

Du musst nicht wissen, warum …

sich die Menschen immer streiten.

EINEN HUND INTERESSIERT NICHT, WAS EIN MENSCH DENKT.

EIN HUND HAT SEIN EIGENES LEBEN UND GENIESST ES AUF HUNDEART.

Eine Familie aufzubauen, die so glücklich ist, wie im Paradies, hängt von nichts und niemand anderem ab als von uns selbst.

Um etwas für uns selbst zu tun, haben wir viele Gründe.

Ist es möglich, nur einen einzigen Grund zu finden, um etwas für unsere Lieben zu tun und für die, die uns lieben?

Versuch, sie glücklich zu machen, denn wir müssen nicht auf das Glück warten, es ist gleich hier in unserem Herzen.

Wenn du **dein Herz** gefunden hast, bist du **glücklich.**

19

ZUSEHEN UND ZUHÖREN

Du selbst entscheidest, Dinge zu konsumieren.

Alles, was im Leben geschieht, wird im Gehirn aufgezeichnet. Genauso, wie du unter vielen Filmen auswählen kannst,

liegt es nur an dir selbst, eine Entscheidung zu treffen. Wer glücklich sein will,

schaut sich fröhliche Filme an, etwa eine romantische Komödie, über die man lächeln und lachen kann.

Ist das der Weg zum Glück?

Wissenschaftler haben herausgefunden,
dass Menschen, die gewaltorientierte Filme sehen,
auch zu gewalttätigem Verhalten neigen.
Das sei dahingestellt.

★★★★★★★★★★★★★★★★

Wir sind bewusste Wesen
und können uns selbst ermahnen, noch einmal
nachzudenken, bevor wir etwas Schlechtes tun.

★★★★★★★★★★★★★★★★

Wer aber die Bewusstheit verliert, handelt
unbewusst.

Daraus könnte unbeabsichtigt etwas
Grausames hervorgehen.

Du kannst wählen, wie du **sein willst.**
Du kannst wählen, was du **tun willst.**
Du kannst wählen, was du dir **anschauen willst**

!!!

SIEH DIR
GUTE
DINGE AN

NACH DER GEBURT
ÖFFNEN WIR AUGEN UND OHREN,
UM ZU SEHEN UND ZU HÖREN.
ES GIBT VIELE DINGE,
DIE GLÜCKLICH ODER
UNGLÜCKLICH MACHEN.
WIR HABEN DIE WAHL.

20

LESEN UND WISSEN

Es gibt Leute,
die »Gelehrte«
genannt werden
oder
»Sachkundige«.

Auf der Welt gibt es viele
dieser gebildeten Menschen.

Was sie alle gemeinsam haben,
ist ihre Neigung,

eine Menge Bücher zu lesen.

Die meisten Leute überall auf der Welt wissen viel darüber,
wer gerade seine Stelle verloren hat,
wer im Gefängnis sitzt, wer wen geschwängert hat,
wer wen abserviert hat und so weiter.

Nur sich selbst kennen sie nicht.

Sie wissen nicht, wie sie ihr Leben verbessern
und erfolgreich werden können.

Es gibt auch Menschen, die zwar nicht als
»gelehrt«
gelten, aber trotzdem Erfolg in Beruf und
Familienleben haben.
Meistens sind das diejenigen, die gern lesen.

Gute Bücher werden von den

besten Köpfen erschaffen,

nicht von den besten

Druckmaschinen.

21

RÜCKHALT DURCH DIE FAMILIE

Wie kann man ohne Familie glücklich leben?

Wenn wir allein sind, müssen wir uns nur umdrehen,
und da ist unsere Familie,
die uns zur Seite steht.

Wenn wir sehr müde sind,
gibt es nicht viele Menschen,
auf die wir uns verlassen können.

Echtes Glück
oder dauerhaftes Glück
bedeutet wahrscheinlich,
in einer glücklichen Familie zu leben.

Es gibt

3

Regeln

für eine glückliche Familie, die das Familienoberhaupt ebenso beachten sollte wie alle anderen Familienmitglieder.

★ ★ ★ ★ ★ ★ ★ ★ ★ ★ ★ ★ ★ ★ ★ ★

Erste Regel

Das Familienoberhaupt sollte Gutes beisteuern, um die Familie glücklich zu machen.

Zweite Regel

Die Familienmitglieder sollten Gutes beisteuern, um die Familie glücklich zu machen.

Dritte Regel

Alle in der Familie sollten Gutes beisteuern, um die Familie glücklich zu machen.

Befolgen alle Familienmitglieder diese drei Regeln, leben sie in einer glücklichen Familie.

FAMILIE
=
GLÜCK

22

DIE GEGENWART EIN GESCHENK

Es gibt zwei gleich klingende Wörter, die auch gleich geschrieben werden.

Das Adjektiv »präsent« bedeutet, in der Gegenwart sein, das Substantiv »Präsent« ist ein anderes Wort für Geschenk.

Beide Wörter lassen sich auf die Lehren des Buddhismus beziehen, die besagen:

Tu dein Bestes für den heutigen Tag und sei in jedem Augenblick präsent.

und

Wir sollen hier und jetzt glücklich und präsent sein,

denn die Gegenwart ist das Geschenk, das jeder bekommt.

Aber nicht jeder kann in jedem Augenblick glücklich und präsent sein.

PRÄSENS
Gegenwart

=

PRÄSENT
anwesend sein

=

PRÄSENT
Geschenk

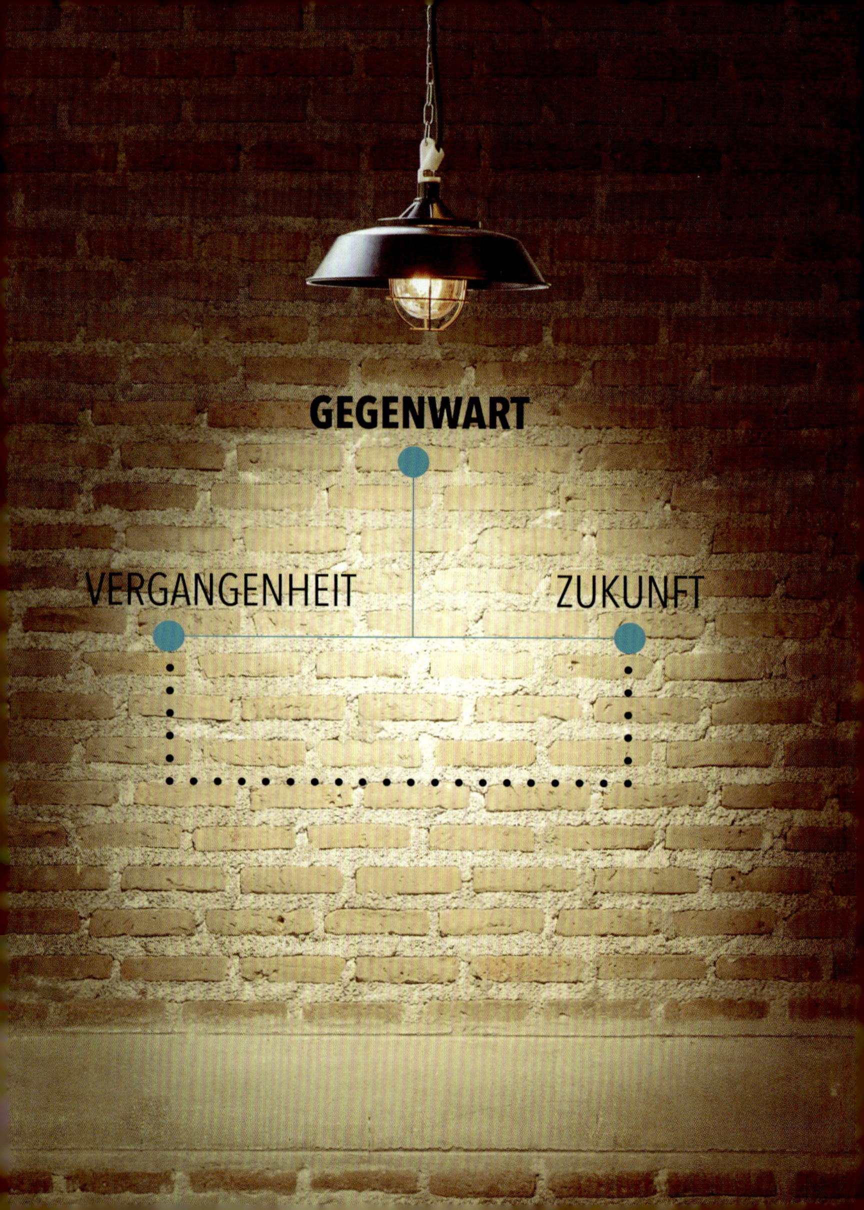
GEGENWART
VERGANGENHEIT
ZUKUNFT

Tu heute
dein Bestes,
dann werden morgen
gute Dinge geschehen.

23

GÜTE UND RESPEKT

Ein alter Krieger steigt jeden Morgen einen Hügel hinauf, um seinem Meister an dessen Grab Respekt zu zollen.

Er nimmt ein Schwert mit, um für seinen Meister ein Ritual der Hochachtung zu vollziehen. Das tut er jeden Tag, seit sein Meister gestorben ist.

Er tut es gern, weil der Meister ihn im Gebrauch des Schwerts unterwiesen hat.

Seit Jahren tut er es immer wieder, denn eine innere Leidenschaft lässt ihn alles mit ganzem Herzen tun.

Viele Menschen vergessen, denen dankbar zu sein,

die ihnen freundlich gesonnen waren.
Sie vergessen die Güte
ihrer Eltern und Freunde.

Der große Krieger

kann nicht jede Schlacht gewinnen.

Aber der größte Krieger ist
ein Mensch mit Dankbarkeit,
der Güte zurückgibt und niemanden betrügt.

Viele Menschen erreichen ihren Erfolg im Beruf durch Betrug und Hinterlist.

Verräter werden nie erfolgreich sein,
es sei denn, Gott will es so.

DEIN SCHICKSAL
LIEGT IN DEINER HAND.
Dein Handeln
bestimmt
dein Geschick.

24

DIE FALLEN DES LEBENS

**Wenn du eine Reise planst,
kennst du dein Ziel
und weißt, wie du es erreichst.**

Es wäre schwierig, das Ziel zu erreichen,
würdest du die Reise ohne Plan antreten.

Das Leben hält viele Geschichten bereit,
aber gewöhnlich vergessen wir, dass einige von ihnen
für unser Leben bedeutend waren. Wir übersehen sie und
widmen unsere Aufmerksamkeit Dingen, die attraktiver erscheinen.

Es mag etwas geben, was wir als
»Gelegenheit des Lebens« betrachten,
aber in Wahrheit kann das auch
die Falle des Lebens sein.

Viele Studienanfänger, die sich an der Universität einschreiben, mögen ihr Studienfach nicht. Sie wissen weder, welches Fach sie studieren sollen, noch haben sie den Wunsch, etwas zu lernen. Sie studieren einfach, was sich ihre Eltern wünschen, um Freunden zu folgen, oder sie beherzigen einen Ratschlag. Diese Studierenden haben mit Sicherheit keine Ahnung, was sie erreichen wollen.

Das Leben dieser Leute ist,

als stiegen sie in den nächsten Zug, ohne zu wissen, wohin sie unterwegs sind und wo sie aussteigen sollen.

Vor uns liegt ein reißender Fluss.

Wenn wir hineinspringen und uns vom Wasser mitnehmen lassen, wie lange können wir dessen Gewalt wohl ertragen? Wissen wir nicht, wohin wir wollen, lassen wir den Körper los und treiben mit dem Strom. Doch was, wenn am Ende ein gefährlicher Wasserfall wartet??

Dasselbe geschieht, wenn wir das Leben so ziellos verbringen,

als gingen wir eine dunkle Straße hinunter. Vielleicht fallen wir in ein Loch, laufen vor einen Mast und verletzen uns.

Das Licht am Ende des Tunnels

ist die einzige Möglichkeit, im Stockfinstern etwas zu sehen, und den einzigen Fluchtweg aus einem unbekannten Ort der Finsternis auszumachen.

Selbst ein kleines bisschen Licht hat dieselbe Wirkung, wie der Polarstern, der Wanderer im Wald, Entdecker und Abenteurer im Dunkel der Nacht leitet und sie die richtige Richtung einschlagen lässt.

Die meisten ziellosen Menschen kennen die richtige Richtung nicht, sodass sie nicht wissen, ob der Weg, auf dem sie unterwegs sind, zum Erfolg, in ein Labyrinth oder auf ein unüberschaubares Feld führt.

Es ist, als würden sie in einen Zug gezwungen. Sie beeilen sich, damit sie ihre Freunde und den Zug noch erreichen.

Am Ende sitzen viele Menschen in dem Zug, und keiner von ihnen weiß, wohin er sie bringt.

Menschen, die im Leben keiner Leidenschaft folgen und nicht wissen, was sie lernen oder welchen Beruf sie ausüben sollen, sind sehr bedauernswert und unglücklich.

Nimm dir Zeit und denk an dein Ziel. Wenn du es erkannt hast, wirst du das Licht am Ende des Tunnels sehen, als wäre es der Polarstern, etwas, wonach du dein ganzes Leben gesucht hast.

MANCHMAL
BRAUCHT DEIN LEBEN
LICHT.
EXIT

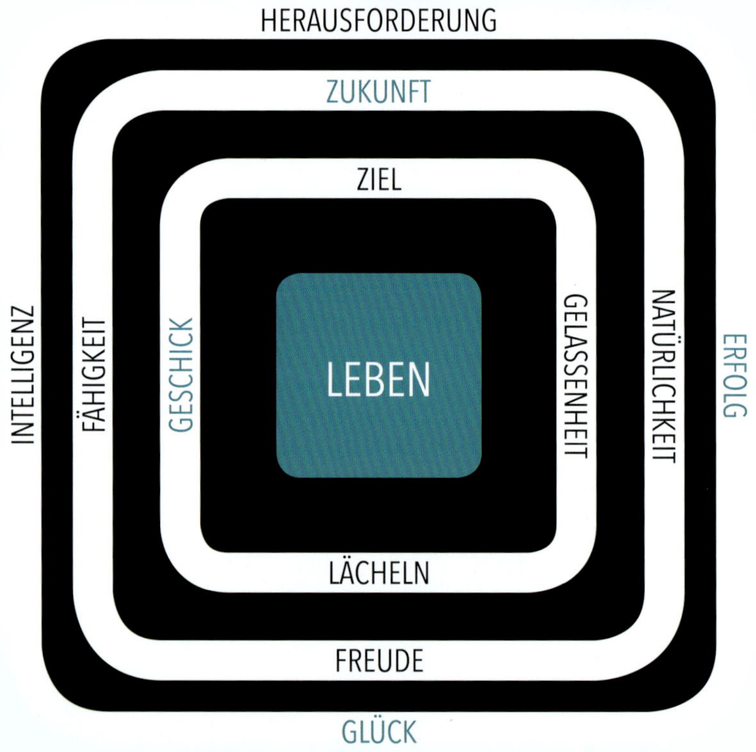
HERAUSFORDERUNG
ZUKUNFT
ZIEL
LEBEN
LÄCHELN
FREUDE
GLÜCK
INTELLIGENZ
FÄHIGKEIT
GESCHICK
GELASSENHEIT
NATÜRLICHKEIT
ERFOLG

Wenn du schon seit deiner Jugend
deine **Lebensziele** aufschreibst,
weißt du bereits vor der Reise, was du wirklich willst
und in welche Richtung du gehen solltest,
um dein Ziel zu erreichen.

Das Ziel des Lebens
ist nicht nur finanzielle Sicherheit,
sondern auch das Bemühen um Bildung,
Wohlbefinden, der Beruf, deine Familie
und der Dank an die Gemeinschaft.

Wenn dein Ziel **Bildung** ist,
studiere fleißig und gib dein Bestes,
um dein Ziel zu erreichen

Wenn dein Ziel **Glück** ist,
musst du es suchen …
dann wirst du es auch finden.

25

ARBEIT UND ZIELE

Es war einmal ein dummer Esel, der sein Leben von Tag zu Tag lebte und an nichts dachte. Er wanderte ziellos durch den Wald.

Während er im Wald umherspazierte, traf er einen Affen. Der Esel fragte den Affen:

»He, was machst du da?«
»Ich sammle Futter für den bevorstehenden Winter«, antwortete der Affe.

»Der Winter bringt viel Schnee, und dann können wir monatelang nicht hinausgehen.«

Der dumme Esel kümmerte sich nicht um das, was er da hörte, und wanderte immer weiter in den Wald.

Derweil halfen der Affe und seine Familie einander, Futter für den kommenden Winter zu sammeln.

Als der Winter kam, fiel jeden Tag eine Menge Schnee. Alle Tiere im Wald zogen sich in die Unterschlüpfe zurück, die sie angelegt hatten und in denen sie Futter für mehrere Monate lagerten.

Nur ein Außenseiter wie der dumme Esel wusste nicht, dass der Winter in diesem Wald so hart sein konnte.

Der arme Esel hatte weder einen Unterstand noch Futter, als es jeden Tag immer heftiger schneite. Alle Pflanzen, die er hätte fressen können, waren von Schnee bedeckt und hart gefroren.

Kurz darauf starb der dumme Esel.

NIMM DAS ZIEL INS VISIER,
BEVOR DU SELBST ZUM ZIEL WIRST.

Für manche Menschen ist

★ ★ ★ ★ ★ ★ ★ ★ ★ ★ ★ ★ ★ ★ ★ ★

Arbeit = Leben
und
leben heißt arbeiten.

★ ★ ★ ★ ★ ★ ★ ★ ★ ★ ★ ★ ★ ★ ★ ★

Das Leben richtig zu führen, kann das Leben retten. Ohne Prinzipien, Strategie und Wissen zu arbeiten, heißt, sich bei der Arbeit vom »Instinkt« leiten zu lassen.

Der Instinkt hält uns am Leben – aber nur, wenn wir wie die wilden Tiere im Wald leben.

Der Mensch hat etwas Großartigeres als den Instinkt, nämlich den Intellekt. Mit seiner Hilfe können Wissen und Fähigkeiten vergrößert werden.

Wer bei der Arbeit Strategie, Wissen, Professionalität, Fertigkeiten, Freude und Liebe einsetzt, kann in unserer wettbewerbsorientierten Gesellschaft überleben und ein glückliches Leben führen.

26

DENKEN UND GLÜCK

**Ein Tag hat 1440 Minuten
oder 86.400 Sekunden.**

Von diesen 86.400 Sekunden nimm dir **täglich 10 Sekunden** Zeit, um dich an einen glücklichen Moment zu erinnern.

In **einem Jahr** bist du dann **3650 Sekunden** »glücklich«.

In **zehn Jahren** bis du **36.500 Sekunden** »glücklich«.

Im Alter von **50** Jahren
bist du **1.825.000 Sekunden** »glücklich« gewesen,
das entspricht **338** Spielfilmen,
die jeweils eineinhalb Stunden dauern.

**Würden wir alle so denken,
hätten wir dann nicht mehr Glück im Leben?**

Das Leben ist gar nicht so schwer, wenn du es dir leicht vorstellst.

Wenn du weißt, welche Fragen du dir
über das Leben stellen solltest,
und was du vom Leben willst,
und für wen du lebst: für dich selbst oder für andere.

Wenn du weißt, ob du dich selbst mehr lieben solltest oder andere.

Wenn du weißt, wie wertvoll dein Leben ist.

Diejenigen, die nach Glück streben,
können es jederzeit finden.

★ ★ ★ ★ ★ Glück ★ ★ ★ ★ ★
kann man während des ganzen Lebens erfahren.

★ ★ ★ ★ ★ Glück ★ ★ ★ ★ ★
erlebt man morgens beim Aufwachen, beim Atmen,
Sehen, Hören, Spüren und Essen.
Sogar, wenn man etwas Angenehmes riecht.

★ ★ ★ ★ ★ Glück ★ ★ ★ ★ ★
erfährst du, wenn du dich um jemanden kümmerst
und sich jemand um dich kümmert.

Wo ist das Glück?
Was ist das Glück?

Jeder hat auf diese Frage eine andere Antwort, denn Glück ist eine individuelle Angelegenheit, die von persönlichen Vorlieben abhängt.

Also,

{tu, was immer dir gefällt, und du wirst glücklich.}

DER BESTE TAG IST DER,
AN DEM WIR UNSEREN TRAUM ERKENNEN.

DAMIT DU IHN NICHT VERGISST,
SCHREIB IHN AUF.
DAS KANN SCHON BALD
WICHTIG FÜR DICH SEIN
UND DICH INSPIRIEREN.

Denk jeden Tag
positiv,
und etwas Gutes wird daraus entstehen.

27

Bleibe gesund

GESUNDHEIT UND VORSORGE

Stell dir vor, wir alle hätten einen Zwilling, der »Herr Gesundheit« heißt.

Herr Gesundheit ist überall mit dabei. Wir gehen voraus, und unser Zwilling folgt uns. Was immer wir tun, beeinflusst auch Herrn Gesundheit.

Essen wir gesund, bleibt auch er gesund.
Treiben wir Sport, ist Herr Gesundheit fit und kräftig.

Trinken wir Alkohol, ist er betrunken und krank.
Treiben wir keinen Sport, wird er immer schwächer.

Wenn Herr Gesundheit krank wird,
kann er sterben und wir mit ihm,
denn wir sind Zwillinge,
einer das Spiegelbild des anderen.

Wenn uns klar wird,
dass **Gesundheit** unbezahlbar ist,
könnte es schon **zu spät** sein.

GUTE GESUNDHEIT
GUTES LEBEN
GUTER KÖRPER

Früher verdienten viele Leute viel Geld,

aber sie **vergaßen darüber, sich um ihre Gesundheit zu kümmern.**

Ihr ganzes Geld zahlten sie dann den Ärzten

und gaben es aus, um im Krankenhaus wieder zu genesen.

Wozu also plagt man sich so sehr damit ab, eine Mengc Geld zu verdienen,

wenn dabei die Gesundheit vernachlässigt wird?

28

VERGEBEN UND VERGESSEN

Ärger ist Dummheit
Wut ist Wahnsinn

Wut und Hass entfernen uns vom

»positiven Denken«.

Das sollten wir lernen, indem wir den Geist durch Meditation, Selbstwahrnehmung und Achtsamkeit bei allem, was wir tun, standhaft werden lassen.

Sind wir uns unserer selbst nicht bewusst, verlieren wir die Kontrolle über unsere Gefühle und lassen uns leicht von einer schlechten Gemütslage beeinflussen.

Wenn wir lernen zu »vergeben«,
werden wir nicht in den Kreislauf von
Dummheit und Wahnsinn
gezogen.

CLEVER
KLAR
COOL
KLUG

Normale Menschen

haben oft diese Gefühle:

Liebe, Gier,
Wut, Lust

Das ist ganz normal.

Möchte man eines dieser Gefühle vermeiden,
sollte man lernen, die Wut abzulegen
und beginnen, zu vergeben.

Wenn du lernst, zu vergeben,
wird dein Leben glücklicher sein
als jemals zuvor.

29

ZEIT UND WERT

Sobald du dir ein Ziel gesetzt hast,
ist es deine Aufgabe, es zu erreichen.

Wenn sich dir irgendetwas
in den Weg stellt,

sollltest du das als »Unsinn« verbuchen.

Auch, wenn dir etwas in keiner Weise nützt,
bezeichne das als »Unsinn«.

Unsinn verschwendet Zeit,
verwirrt den Geist
und kostet sogar Geld.

Der Grund dafür,
dass einige Leute schneller
Erfolg haben
als andere,
liegt darin, dass sie
ihre Zeit nicht mit
unsinnigen Dingen
verschwenden.

ZEIT ODER GELD,
WAS IST WICHTIGER
???

Weißt du,
wie wertvoll Zeit ist
???

30

DIE RICHTIGE WAHL

Viele Menschen arbeiten in einem Beruf,
den sie nicht mögen und
für den sie nicht bestimmt sind.

Viele haben ein Diplom in einem Fach,
das sie nicht mögen, und finden Ausreden dafür,
dass sie nicht das Richtige studiert haben.

Es gibt viele Ausreden dafür, nicht das zu machen,
was man am liebsten tun würde.

Warum fangen wir also nicht jetzt an, zu tun, was uns gefällt?

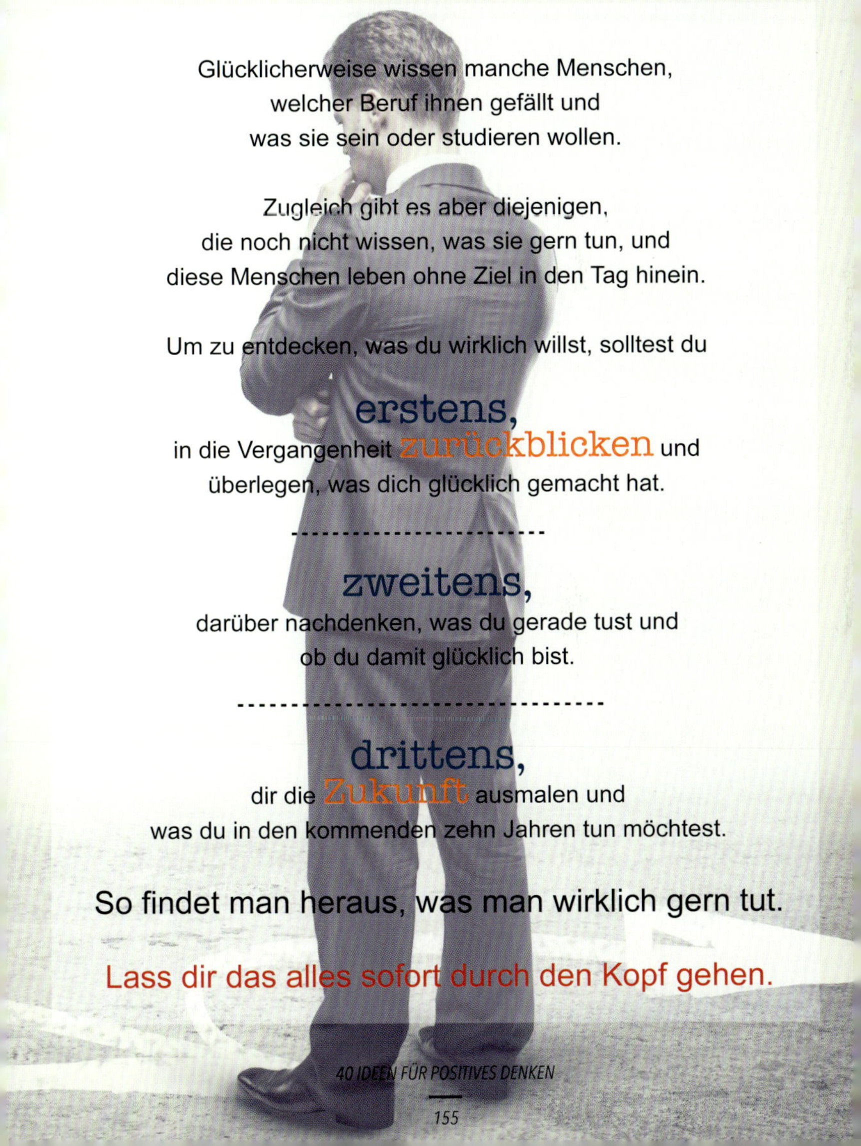

Glücklicherweise wissen manche Menschen,
welcher Beruf ihnen gefällt und
was sie sein oder studieren wollen.

Zugleich gibt es aber diejenigen,
die noch nicht wissen, was sie gern tun, und
diese Menschen leben ohne Ziel in den Tag hinein.

Um zu entdecken, was du wirklich willst, solltest du

erstens,
in die Vergangenheit **zurückblicken** und
überlegen, was dich glücklich gemacht hat.

zweitens,
darüber nachdenken, was du gerade tust und
ob du damit glücklich bist.

drittens,
dir die **Zukunft** ausmalen und
was du in den kommenden zehn Jahren tun möchtest.

So findet man heraus, was man wirklich gern tut.

Lass dir das alles sofort durch den Kopf gehen.

Ein glücklicher Mensch

hat die Gelegenheit, zu tun,
was er wirklich will.
Wir alle können tun,
was wir wirklich wollen.

Versuch es einfach.

Du schaffst das!

31

SCHÖN UND ATTRAKTIV SEIN

**Wer sich gut anzieht,
findet auch die Welt schöner.**

Wenn wir selbst uns als gutaussehend empfinden,
wirkt sich das positiv auf unsere Haltung aus.

Das Leben wird noch besser.

Normalerweise putzt man sich für andere heraus.
Tu dies ab sofort für dich selbst,
denn jeder sieht gern etwas Schönes,
das glücklich macht, oder?

Alle lieben gutes Aussehen.
Deshalb mach dich schön, zuerst für dich selbst,
und dann präsentiere dich anderen.

Wer andere mit seinem

smarten Erscheinungsbild

für sich einnimmt,

ist in der Regel **schön,**

innerlich wie äußerlich.

32

ESSEN UND DANKBARKEIT

Im Leben tun wir einiges, ohne darüber nachzudenken, welchen Einfluss es auf andere hat.

Wir essen jeden Tag, denken aber kaum einmal an die Bauern. Wir verschwenden Essen und vergessen, wie hart viele gearbeitet haben, um das Essen auf unserem Tisch zu erzeugen.

Bevor du einen Apfel isst,
denk an die Menschen, die den Äpfel
für uns gepflückt und verpackt haben.

Wenn wir ein Omelett essen,
denken wir dann an das Huhn, das Eier für uns legt?
Wenn wir eine Dose Limonade trinken,
denken wir an die Zuckerrohrbauern?

In unserer heutigen kapitalistischen Gesellschaft beziffert Geld den Wert des Lebens. Wir nutzen es, um Erfolg zu messen und zu sehen, wie viel ein Mensch verdienen kann.

Deshalb leben viele Menschen in Abhängigkeit vom Geld, für das sie hart arbeiten müssen.

Viele gieren nach mehr Geld, Edelsteinen und alle möglichen Gütern. Ohne Reue hintergehen sie ihre Kollegen und betrügen ihr Unternehmen, indem sie Firmengeheimnisse gegen Geld preisgeben.

Wenn wir uns alles, was wir seit unserer Kindheit konsumiert haben, vor Augen halten, werden wir mit Sicherheit zu dankbaren Menschen.

{ Ein dankbarer Mensch ist meist von Natur aus ein guter Mensch. }

GENIESS DEINE MAHLZEIT

GENIESS DAS LEBEN

Danke Gott

für diese Mahlzeit

und

danke auch der Person,
die sie zubereitet hat.

33

SÜSS UND ROMANTISCH

Menschen, die in wärmeren Klimazonen leben, etwa in den Tropen, sind daran gewohnt, schärfer zu essen, als diejenigen in kühleren Gegenden.

Aber auch in den tropischen Regionen gibt es etwas Süßes wie ein Dessert oder Obst.

Füg deinem Leben und dem deiner Freunde ein bisschen Süße hinzu.

Man muss auf keine besondere Gelegenheit warten, um jemandem etwas zu schenken.

Wenn du allein reist, reicht es aus, an die Menschen zu denken, die dir täglich begegnen … und du bist glücklich.

Du kannst deinem Leben mehr Süße verleihen,

indem du etwas Romantisches für einen geliebten Menschen tust, damit das Leben süßer und besser wird.

Im Leben gibt es schon genug Saures, Salziges, Würziges und Bitteres.

Nun ist es Zeit, etwas Süßes für ein besseres Leben hinzuzufügen.

EINE NACHSPEISE
VERSÜSST DAS LEBEN.
BITTE BEDIEN DICH!

MIT HERZ UND
LIEBE GEMACHT

34

WEG DER FREUNDSCHAFT

Vielleicht sprichst du am Tag mit nicht einmal fünf Menschen.

Du bist ihr Freund in der Not, und sie sind deine Freunde, wenn du sie brauchst.

Wenn du jemanden gern hast und liebst, lass es ihn wissen.

Behalte nicht für dich, was du empfindest.
Sag, was du fühlst,
frag deine Freunde, wie es ihnen geht,
und lass sie wissen, dass es dich interessiert.
Fühlt es sich nicht gut an, wenn man das tut?

Deine Freunde werden sich großartig fühlen, und auch dir wird es besser gehen.

Wenn du jemanden liebst, das aber **nie sagst,**
wird dieser Person nie klar,
was du für sie empfindest.
Welchen Nutzen hat das also für dein Leben
???

HALT MEINE HAND
ICH HALTE DEINE

Haltet euch an den Händen, wenn ihr unterwegs seid,

so, als seist du das Kind oder der Erwachsene.
Es ist immer besser, zusammen zu gehen, als allein.

Wenn du allein bist, gibt es niemanden,
der dich ermutigen kann,
wenn du dich niedergeschlagen fühlst.
Und niemanden, mit dem du reden kannst,
wenn du einsam bist.

{ Wer von
Freunden, Eltern,
Großeltern,
Ehepartnern,
Kindern, Mitarbeitern
oder Chefs }

begleitet wird, hat zumindest jemanden zum Reden, selbst,
wenn diejenigen nicht in der Lage sein sollten, zu helfen.

Du musst dein Leben in dieser Welt nicht allein verbringen.

35

GEBEN UND NEHMEN

Wir reden jeden Tag miteinander
und übertragen ihnen jeden Tag Aufgaben.

Sie arbeiten täglich für uns.
Sie helfen uns, wenn wir müde sind.
Wir alle sind bereit, uns gegenseitig zu helfen,
obwohl wir nur Kollegen sind.

Wenn wir daran denken, dass all unsere Kollegen
den Lebensweg mit uns teilen,
sind wir Freunde fürs Leben und
wir sollten uns umeinander kümmern.

Denn wenn sie krank werden oder bei der Arbeit fehlen,
können wir unsere Arbeit nicht allein erledigen.

Das Boot	braucht	den Fluss.
Der Tiger	braucht	den Dschungel.
Der Käufer	braucht	den Verkäufer.
Der Chef	braucht	Angestellte.
Die Schwangere	braucht	die Hebamme.
Der Tyrann	braucht	das Opfer.
Der Priester	braucht	das Evangelium.
Das Waschbecken	braucht	das Wasser.
Die Großmutter	braucht	den Großvater.
Das Gewicht	braucht	Balance.
Der Baum	braucht	den Boden.
Der Geisteskranke	braucht	den Psychiater.
Das Messer	braucht	das Schneidbrett.
Der Kandidat	braucht	Stimmen.
Jeder	braucht	etwas anderes.

MÖCHTEN SIE EINEN KAFFEE
ODER LIEBER MICH?
(Das ist die Frage, mit der sich die ein oder andere Angestellte sicher herumplagt.)

Wenn ein Mitarbeiter das ganze Jahr
über Kaffee für dich zubereitet,

such dir ein gutes Datum
aus 365 Tagen aus,
um dich zu revanchieren.

Das wird ihn überraschen.
Wahrscheinlich erinnert er sich
später gern daran und wird dich
mehr zu schätzen wissen.

(Probiere es einfach mal aus!!!)

36

GEBURTSTAG UND WÜNSCHE

Wenn du eine Geburtstagskarte bekommst, freust du dich sicherlich, dass jemand an dieses Datum gedacht hat.

Wahrscheinlich bist du dieser Person wichtig.

Wenn du wiederum deinen Freunden eine Geburtstagskarte schickst, werden sie sich freuen und wahrscheinlich spüren, dass sie dir wichtig sind.

Man fühlt sich gut, etwas für jemanden zu tun, und das ist ein großartiges Gefühl.

Geben macht das Leben viel schöner, oder?

Wenn du
einem Menschen wichtig
sein möchtest,
lass ihn zuerst für dich wichtig sein.
Denn alles,
was du gibst,
wirst du mit derselben
Liebe und demselben
Gefühl zurückbekommen.

Ich wünsche dir einen schönen **MONTAG.**
Ich wünsche dir einen schönen **DIENSTAG.**
Ich wünsche dir einen schönen **MITTWOCH.**
Ich wünsche dir einen schönen **DONNERSTAG.**
Ich wünsche dir einen schönen **FREITAG.**
Ich wünsche dir einen schönen **SAMSTAG.**
Ich wünsche dir einen schönen **SONNTAG.**

Kerzen
auf dem Geburtstagskuchen sind wichtig.

Freundliche Worte
trösten jemanden, der traurig ist.

Wertschätzung
sollte jemand erfahren, der hart arbeitet.

Ermutigung
ist wichtig für jemanden,
der niedergeschlagen ist.

★★★★★★★★★★★★★★★★

Wenn du einem Menschen etwas sagen möchtest, achte auf den richtigen Zeitpunkt.

★★★★★★★★★★★★★★★★

37

ANFANG UND ENDE

Vor vielen Hundert Jahren nahm einmal ein alter Soldat seinen jungen Sohn mit in die Schlacht gegen Feinde seines Landes.

Unglücklicherweise war der alte Mann, der selbst schon viele Feinde getötet hatte, dabei, als sein eigener Sohn auf dem Schlachtfeld von einem Gegner umgebracht wurde.

Der alte Mann wurde von Trauer übermannt und brach in Tränen aus, als er zur Leiche seines Sohns rannte.

Vier Männer waren nötig, um ihn vom Schlachtfeld zu tragen.

Nach dem Ende der Schlacht lebte der alte Soldat allein.

Alle Soldaten betrauerten den großen Verlust des alten Mannes. Es gab keine Feier am Abend der Schlacht, obwohl sie gesiegt hatten. Die Nacht war vollkommen still, weil jeder von großem Kummer überwältigt war.

Während alle trauerten, erhielt der alte Soldat, der seinen geliebten Sohn verloren hatte, eine Audienz beim König und sagte:

»Heute ist der traurigste Tag meines Lebens.
Ich trauere nicht um den Tod meines Sohnes,
sondern ich bin so traurig,
weil ich ihm, seit er geboren wurde,
nie gesagt habe, wie sehr ich ihn liebe.«

(Aus dem Film »300«)

Man kann auf unterschiedlichste Weise

gute Gefühle mit anderen teilen.

Das geht mit einer E-Mail, einer Karte oder einfach ein paar netten Worten.

Viele Menschen verzichten darauf und

werden herzlos.

38

DIE WIRKUNG DER NATUR

Manche gehen gern an den Strand,
weil sie das Meer schön finden.

Einige fahren ins Gebirge,
weil sie Berge mögen.

Andere besuchen einen Wasserfall,
weil sie den Anblick lieben.

Wenn du die Schönheit der Natur zu schätzen weißt,
wirst du von der Schönheit der Natur belohnt.

Vor allem aber lehrt sie die Fähigkeit,
Schönheit in »einfachen Dingen«
zu sehen und positiver zu denken.

Die glücklichsten Menschen

sind nicht die reichsten.

Glücklich
sind die fröhlichen Menschen.

Glücklich
ist, wer sein Glück nicht in den materiellen Dingen findet, die er sich leisten kann.

Glücklich
sind diejenigen, die ohne Pillen gut schlafen und mit einem Lächeln erwachen.

Glücklich
sind Menschen, die sich ihrer selbst bewusst sind.

Glücklich
ist, wer in den einfachen, alltäglichen Dingen Glück erkennt.

Sie sind glücklich, weil die Sonne scheint.
Sie sind glücklich, wenn sie die frische Morgenluft einatmen.
Sie sind glücklich, wenn die Vögel singen.
Sie sind glücklich über ein gesundes Frühstück.
Sie sind glücklich, wenn sie duschen und sich gut anziehen können.
Sie sind glücklich, weil sie leben und auch andere glücklich machen.

WENN DU IN
EINEM WASSERTROPFEN
SCHÖNHEIT ERKENNST,
WIRD DIR DAS IM LEBEN
GLÜCK BESCHEREN.

Wenn du in allen Aspekten des Lebens
Schönheit erkennen kannst,
ist dein Denkprozess positiv.

Und wenn
du positiv denkst,
ist das der Weg,
glücklich zu sein.

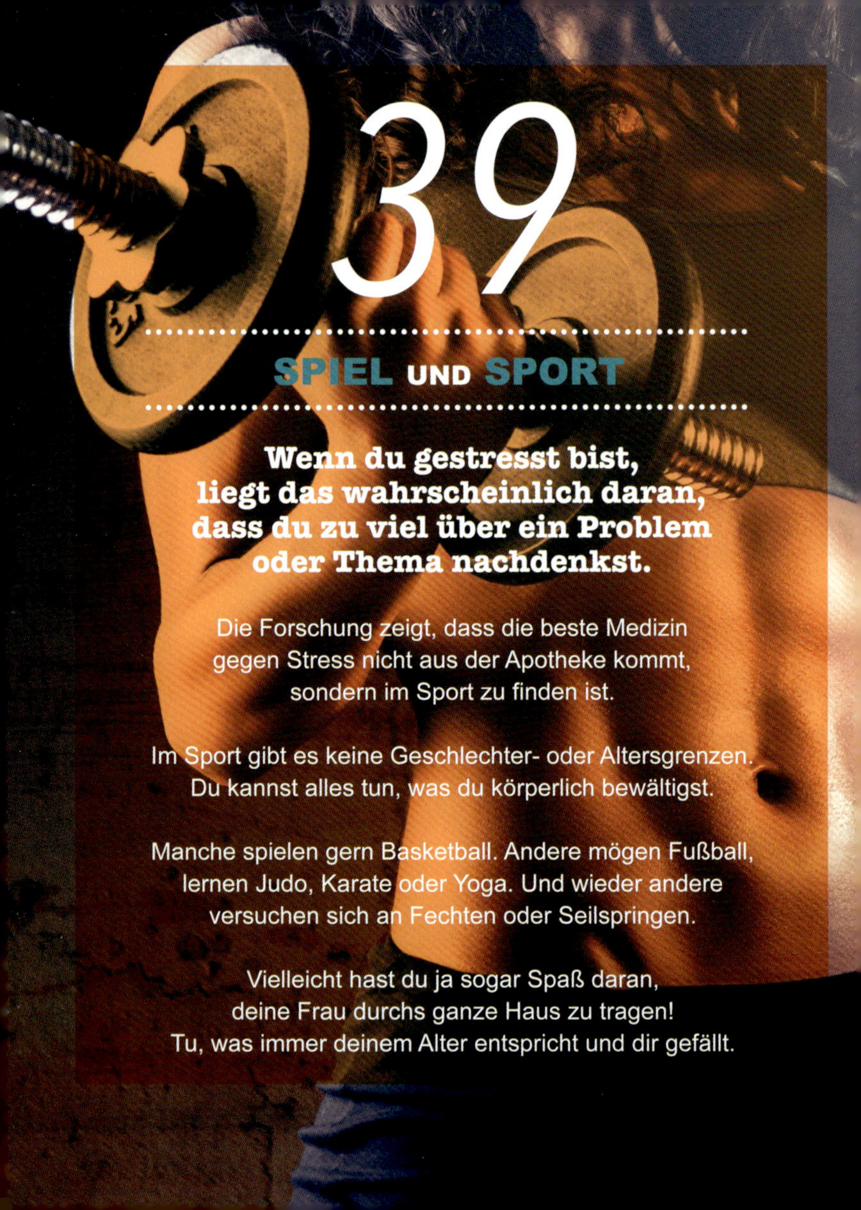

39

SPIEL UND SPORT

Wenn du gestresst bist, liegt das wahrscheinlich daran, dass du zu viel über ein Problem oder Thema nachdenkst.

Die Forschung zeigt, dass die beste Medizin gegen Stress nicht aus der Apotheke kommt, sondern im Sport zu finden ist.

Im Sport gibt es keine Geschlechter- oder Altersgrenzen. Du kannst alles tun, was du körperlich bewältigst.

Manche spielen gern Basketball. Andere mögen Fußball, lernen Judo, Karate oder Yoga. Und wieder andere versuchen sich an Fechten oder Seilspringen.

Vielleicht hast du ja sogar Spaß daran, deine Frau durchs ganze Haus zu tragen! Tu, was immer deinem Alter entspricht und dir gefällt.

Das Ergebnis deiner sportlichen Aktivität:

01 eine bessere **Durchblutung**

02 ein besserer **Puls**

03 **Endorphine,** die für ein größeres Glücksgefühl sorgen (und nichts kosten)

04 eine bessere **Figur**

05 ein niedrigerer **Cholesterinspiegel**

06 **mehr Energie**

07 **gesünderes Aussehen**

08 ein besseres **Immunsystem**

09 **eine effizientere** Lungenfunktion

10 und gesunde neue Freunde, **mit denen du etwas unternehmen kannst**

VERSTECKEN SPIELEN

ist bei zwei Gruppen von Menschen sehr beliebt.

Die erste Gruppe: Kinder von fünf bis zehn Jahren.

Die zweite: verheiratete Männer, die glücklich sind,
wenn sie sich davonmachen können,
damit ihre Frauen sie nicht finden.

Wenn Kinder verstecken spielen,
muss derjenige, der zuletzt gefunden wird,
in der nächsten Runde suchen.
So haben alle ihren Spaß.

WER
sich aber vor seiner Frau versteckt
und gefunden wird, muss nicht
in die nächste Runde.

Tragischerweise endet das Spiel an dieser
Stelle, und niemand hat Spaß.

40

LIEBE, WAS DU TUST

Die Liebe erhält uns am Leben.

So, wie Wasser einen Baum am Leben erhält.
Bekommt der Baum kein Wasser, stirbt er.

Wir Menschen können etwa sieben Tage
ohne feste Nahrung leben, bevor wir sterben.
Aber ohne Wasser halten wir nur drei Tage lang durch.

Liebe ermutigt uns, ein harmonisches Leben zu führen.

Wann immer wir uns einsam fühlen, wenn wir fern von
unseren Lieben sind, müssen wir uns nur
ihre Gesichter vorstellen, und das ruft ein Lächeln hervor.

Schon an sie zu denken, macht **glücklich.**

Liebe

findet sich nicht nur zwischen zwei Menschen.

Liebe

gibt es auch zwischen Menschen und ihren Haustieren,
und es entstehen Verbindungen zwischen
den ungewöhnlichsten Paaren.

Liebe

kann sich entwickeln zwischen
einem Menschen und einem Fisch,
einem Menschen und einem Wurm,
einem Menschen und einem Parasiten,
einem Löffel und einer Gabel,
einem Auto und einem Lenkrad,
einem Bären und einem Lachs.

Manche Menschen verlieben sich sogar
in ihren eigenen Bauch,
denn sie nehmen ihn immer und überallhin mit.

Das nennt man …

den »kleinen Kreis der Liebe«.

Du kannst wählen,

wie du dein Leben
gestalten willst.

Welchen Weg auch immer du einschlägst,

geh ihn mit Liebe

und sei glücklich mit deiner Wahl.

{ Liebe, was du tust,

und

tu, was du liebst. }

GEH DEINEN
WEG!

Wenn dir

deine Arbeit gefällt,

mach weiter so,

denn

einen Beruf zu haben,

den man liebt,

ist sehr selten.

Das ist, wie ein Lieblingsoutfit

zu finden, das perfekt passt.

Tu, was du liebst

Für unser Handeln finden wir
viele Entschuldigungen.

Entschuldigungen,
mit denen wir unsere
Entscheidungen rechtfertigen.

Versuch ausnahmsweise einmal, etwas
zu tun, ohne dich zu entschuldigen.

Tu, was du liebst,
und vielleicht
erreichst du
damit etwas,
das du bisher
für unmöglich
gehalten hast.

Liebe, was du tust

Wir finden
viele Entschuldigungen dafür,
warum wir nicht lieben,
was wir tun.
Natürlich kann es
Millionen von Gründen geben,
doch wenn du liebst,
was du tust,

scheinen alle Probleme
zu verschwinden.

Alles hängt von deiner Geisteshaltung und deinem Herzen ab.

Positives Denken

wird eine neue Tür zu deinem Herzen öffnen.
Jede Münze hat zwei Seiten, und auch im Leben müssen wir beide Seite betrachten – die positive und die negative – um zu lernen, besser zu leben.

Positives Denken

lehrt dich, dass **alles, was geschieht, »gut« ist.**
Selbst aus dem, was uns Leid verursacht, lernen wir etwas, das uns schließlich stärker machen wird.

Um positiv zu denken,

musst du nicht reich sein.
Du brauchst keinen Studienabschluss.
Du brauchst keinen Arbeitsplatz.
Du brauchst kein eigenes Auto.
Du brauchst keinen Ehepartner oder Kinder.

★★★★★★★★★★★★★★★★

Du kannst jederzeit lernen, positiv zu denken, unabhängig von deinem Status oder der Sorge darum, wie viel du in der Brieftasche hast. Jeder kann positiv denken. Von diesem Augenblick an kann dich niemand mehr aufhalten.

★★★★★★★★★★★★★★★★

Glück

lässt sich auch ohne Plan erreichen,
ohne Statusdenken
und ohne Ausflüchte.

Glück

ist ein einfacher Zustand, der jedem offensteht
und von jedem erreicht werden kann.

Ein wütender Mensch wird nicht glücklich.
Der glückliche Mensch wird nicht wütend.

Wann immer wir einen Kontrollverlust erleben, wann immer
uns schlechte Laune überkommt, wann immer wir uns

schlechter und grausamer Sprache bedienen,
neidisch oder enttäuscht sind,
verkleinern wir unser eigenes Glück.

Wer gern tratscht, andere verurteilt oder ihnen
mit Hass begegnet, verspürt vielleicht eine Zeit
lang ein negatives Glücksgefühl.
Aber in Wahrheit überspielt dieser Mensch
nur unterschwellige Minderwertigkeitsgefühle,
indem er auf den Schwächen anderer herumhackt.

Edel Books
Ein Verlag der Edel Germany GmbH

Neumühlen 17, 22763 Hamburg
www.edel.com
1. Auflage 2017

Erstveröffentlichung unter dem Titel
„40 Ideas for Positive Thinking“

Umschlaggestaltung: Groothuis. Gesellschaft der
Ideen und Passionen mbH | www.groothuis.de

Projektkoordination der deutschen Ausgabe:
Nina Schnackenbeck, Gianna Slomka

Übersetzung: Petra Frese, Dortmund

Realisation der deutschen Ausgabe:
trans texas publishing, Köln

Druck und Bindung: optimal media GmbH,
Glienholzweg 7, 17207 Röbel / Müritz

ISBN 978-3-8419-0571-0